2시간에 끝내는 한글영어 발음천사

2시간에 끝내는 한글영어 발음천사

개정판 1쇄 2024년 3월 14일

지은이　　Mike Hwang
발행처　　마이클리시
전화　　　010-4718-1329
홈페이지　miklish.com
e-mail　　iminia@naver.com
ISBN　　　979-11-87158-57-8

2시간에 끝내는 한글영어 발음천사 서평

저도 **발음 때문에 영어를 포기했었는데** 발음책을 구매해서 보고 있는데 **넘 좋아요**. - 쭌별**

초4아들은 아직 발음천사 마지막 부분 공부중인데 4학년임에도 **영어가 전혀 안되있던 아이가 방학동안 자신감이 엄청 폭발**했어요. 매일 조금씩이라도 즐겁게 공부하는 습관도 생기고요. - azul*

SNS에서 여럿이 이 책을 추천한다는 글을 보고 골랐습니다. 오프라인 서점에서 **직접 몇 권의 책과 비교**해봤구요. 늦은 나이에 영어 배운다고 조심스럽게 도전하는 **어르신을 위해 고른 책이었는데 정말 적합한 책**이라고 생각합니다. 2-3주동안 가르쳐드렸는데 배우시는 입장에서도 **굉장히 만족**하십니다. - 임하*

중등에 와보니...내가 가르치는 학생들 15명 중에 반 이상이 영어를 못 읽는다...발음기호를 (내가) 가르칠 여유도, (학생들이) 배울 인내심도 없다...**고등학생이 되기 전에 이 애들에게 영어를 읽을 수 있게 해야겠다는 결심**이 섰다. 내가 만들어볼려고 여기저기 자료 뒤지고 애들(중3)에게 배포해서 해봤는데 결과가 영 신통찮았다. **이 책을 사서 풀게 해봤는데 혼자서도 잘하고 정말 리얼한 영어 발음은 아니더라도 그럭저럭 조금씩 읽게 되었다. 이 책은 나이드신 분들, 영어를 처음 배우는 사람들에게 유익할 것 같다. 한글을 통해 영어를 배우기 때문에 누구나 쉽게 접근**할 수 있다. - icewit*

2시간에 끝내는 한글영어 발음천사

Mike Hwang

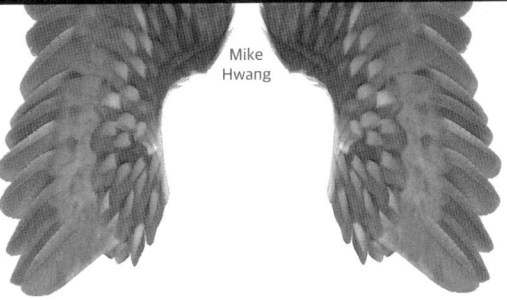

머리말

20년 전의 나!

가르치다 보면 막막한 학생이 꼭 있습니다. **초등학생 때 뭐했는지** 학원 한번 안 다녀서 알파벳도 제대로 모르는 학생, 더듬더듬 엉망으로 단어를 읽습니다. 바로 30년 전의 제가 그랬습니다.

저는 중학교에 입학해서 처음으로 알파벳(ABC…)을 배웠습니다. 문제는, 저를 제외한 모든 학생이 이미 초등학생 때 수년간 배우고 와서, 영어 수업은 그 학생들 위주로 진행됐습니다.

두 번째 수업부터 바로 회화수업을 했습니다. 모르는 단어는 사전을 찾아봤지만 읽을 수 없었고, **읽을 수 없으니 당연히 외워지지 않았습니다.** 게다가 문법을 모른 상황에서 억지로 문장을 배우다 보니, 왜 그런 의미를 갖게 되는지 전혀 알 수 없었습니다. 저에게 영어는 세상에서 가장 끔찍한 과목이었습니다.

처음 영어를 배울 때 가장 큰 장애물은 영어발음입니다. 한국말은 쓰여 있는 대로 소리 나지만, **영어는 쓰여 있는 대로 소리 나지 않습니다.** 게다가 발음기호는 알파벳보다 훨씬 많아서 배우기 어렵습니다.

이 책은 **한글만 알면 누구나 영어를 쉽게 읽을 수 있도록** 집필했습니다. **큰 글씨와 쉬운 설명**으로 영어를 처음 배우는 초등학생부터 어르신들까지 쉽고 빠르게 영어발음을 배울 수 있습니다.

수록된 1,004개의 단어를 순서대로 적고, 원어민 MP3를 들으면서 말하면 자연스럽게 영어발음이 익혀집니다. 한글 단어 '달'을 dal로 적어보면서 기본 원리를 익히고, 원어민의 'dal' 발음과 month를 들으며 영어 단어도 함께 익힙니다.

month는 **미국인의 일상회화 89%를 해결**할 수 있는 1004 어휘에 있는 단어입니다. 이 책의 단어는 대부분 1004 어휘에서 넣었습니다. 이 단어를 활용한 영어회화는 책 '8시간에 끝내는 기초영어 미드천사: 왕초보 패턴(이 책의 p.157)'를 보시면 됩니다. 미드 천사 책에서 60대 어머니와 함께하는 **수십만 원 상당의 강의를 무료로** 들을 수 있습니다(http://goo.gl/8id6df).

너무 늦게 영어를 시작했다고 염려하지 마세요. 오히려, 지금 이 책을 접했기에 6개월~1년에 배우는 영어 발음을 2시간에 배울 수 있게 됐으니 기쁜 일입니다. 책의 문제를 다 푸는데는 약 2~3시간(7~11초에 한 단어씩 1004개), 강의를 들으면서 공부하면 약 5시간 정도 걸립니다.

저와 같은 어려움을 겪고 있을 **또 다른 20년 전의 저에게** 이 책을 바칩니다. 이 책을 한 번 봤다고 모든 영어단어를 완벽하게 읽지는 못합니다. 하지만 약 80~90%는 읽을 수 있습니다. 2번 정도 직접 써서 푸는 것과(틀린 문제만이라도) 원어민MP3를 3번 듣고 따라 말하시면 영어 발음하는데 어려움이 없으실 것입니다.

이 발음 책은 제 12번째 저서입니다. 마이클리시에서는 **즐거운 영어를 통해 올바른 성품을 기른다**는 사명을 갖고 기존에 없던 최고의 영어 책만을 만듭니다.

마이클리시 카페miklish.com에 영어공부법과 다양한 자료가 있습니다. 영어 공부하다가 궁금한 점은 카페에 질문해주세요. 늦어도 3일 내에는 꼭 답변드립니다.

차례

- 알파벳 노래 10
- 소문자 쓰기 11
- 대문자 쓰기 14
- 알파벳 vs 발음기호 17
- 자음 vs 모음 18
- 책의 공부법 19

머리말 짧은 강의 영상 강의

휴대폰의 사진기로 QR코드를 비춰보세요.
rb.gy/f327kb

기본 모음	기본 자음	자음 비교
아=a 22	ㄱ=g 32	ㄹ=l,r 52
에=e 23	ㄴ=n 33	ㅂ=b,v 56
이=i 24	ㄷ=d 34	ㅅ=s,sh 58
오=o 25	ㄹ=l 35	ㅈ=j,z 60
우=u 26	ㅁ=m 36	ㅊ=ch,ts 62
으=? 27	ㅂ=b 37	ㅋ=k,qu,c,x 64
ㅇ=ng 28	ㅅ=s 38	ㅍ=p,f 68
● 29	ㅈ=j 39	ㄸ=th 72
	ㅊ=ch 40	●● 74
	ㅋ=k 41	
	ㅌ=t 42	
	ㅍ=p 43	
	ㅎ=h 44	
	●●●●● 45	

먼저 대표적인 모음(p.20) 7개(아에이오우으ㅇ)를 배우고, 한글의 ㄱ~ㅎ에 대응되는 대표적인 자음(p30)을 배웁니다.

그 다음, 한국말로는 같지만 영어로는 다르게 소리나는 자음을 비교해가며 배우고(p.50), 다르게 소리나는 모음을 배웁니다.

마지막으로 표기는 하지만 소리는 안나는 묵음(p.102)과 쌍자음(p.110)을 배웁니다.

약모음, 강모음	이중모음	묵음	쌍자음
a=아,에이 78	**w**=우 94	**wh** 104	**ff** 112
e=에,이이 80	**y**=이 95	**gh** 104	**ll** 112
i=이,아이 82	**er**=얼 96	**ho** 105	**rr** 113
o=어,오우 84	**+에얼** 97	**kn** 105	**ss** 113
u=우,유 86	**+이얼** 97	**mb** 106	**ck** 114
●● 90	**+오얼** 98	**t** 106	**+** 114
	+우얼 98	**l** 107	●●● 115
	+얼얼 99	**+** 107	
	+얼언 99	●● 108	
	+오이 100		
	+아우 100	영어로 한글 쓰기 120	
	● 101	찾아보기 124	
		나만 영어를 못했던 축복 133	
		다른 사람의 영어 공부법이 139	
		나에게는 안 맞는 이유	
		집에서 영어 가르치는 법 147	
		발음천사와 함께 보면 좋은 책 153	
		발음천사 원어민 MP3, 강의 듣는 법 159	

부록

알파벳 노래

26개의 알파벳을 모른다면 꼭 듣고 따라 해보세요. 인터넷 goo.gl/8gc2qh에 방문하시면 음악을 들을 수 있습니다.

대문자보다 소문자를 많이 쓰므로 소문자가 더 중요합니다.
더 써보고 싶다면 <알파벳 따라쓰기 572>를 추천합니다.

소문자 쓰기

소문자 쓰기

i i i i i i

j j j j j j

k k k k k k

l l l l l l

m m m m m m

n n n n n n

o o o o o o

p p p p p p

q q q q q q

소문자 쓰기

r r r r r r

s s s s s s

t t t t t t

u u u u u u

v v v v v v

w w w w w w

x x x x x x

y y y y y y

z z z z z z

대문자 쓰기

문장의 첫 글자, 이름의 첫 글자(Mike), I, 월의 첫 글자(June), 줄임 글자(ASAP) 등은 대문자로 씁니다. 강조하는 단어 전체를 대문자로 쓰기도 합니다(They LOVE you).

대문자 쓰기

2시간에 끝내는 한글영어 발음천사

대문자 쓰기

R R R R R R

S S S S S S

T T T T T T

U U U U U U

V V V V V V

W W W W W W

X X X X X X

Y Y Y Y Y Y

Z Z Z Z Z Z

abcdefghijklmnopqrstuvwxyz
알파벳

a~z를 '알파벳'이라고 부르며, 영어 단어를 사전에서 찾았을 때 대괄호[]에 들어있는 것을 '발음기호'라고 합니다. 예를 들어 '사과'는 알파벳 apple이며, 발음기호 [æpl]입니다. 발음기호에서 a는 æ로 바뀌었고 p 두 개 중 하나와 e는 사라졌습니다.

ɑbæbdeɛfghijʒdʒklmn oəʌɔprsʃttstʃðθuʊvwz
기본 발음기호

알파벳과 발음기호는 다르게 소리 납니다. a는 알파벳에서는 '에이'로 읽지만, 발음기호에서는 '아'로 읽습니다. 그리고 발음기호의 개수는 알파벳의 개수보다 많습니다. **같은 소리도 강약에 따라 다른 발음기호로 구분**합니다. 예를 들어, '어'는 강하게 날 때는 ɔ, 보통 세기로 소리 낼 때는 ʌ, 약하게 소리 낼 때는 ə로 구분합니다. 또한, '쥐'도 강하게 소리 낼 때는 dʒ를 쓰지만, 약하게 소리 낼 때는 ʒ를 씁니다. 강한 u는 u를 쓰고, 약한 u는 ʊ를 씁니다.

사전마다 사용하는 발음기호의 개수도 다르고, 영어를 연구하는 사람이 아니면 그 발음기호를 다 알 필요는 없습니다. 그래서 이 책에서는 **영어를 읽는데 충분한 대표적인 발음 기호**만을 담고 있습니다.

ㄱ ㄴ ㄷ ㄹ ㅁ ㅂ ㅅ
ㅈ ㅊ ㅋ ㅌ ㅍ ㅎ
영어 소리 자음

영어 소리 모음

한국어에서 자음은 ㄱ~ㅎ을 일컫고, 모음은 ㅏㅑㅓㅕㅗㅛㅜㅠㅡㅣ 등을 일컫습니다. 반면에, **영어에서 자음은 ㄱ~ㅎ 중에 ㅇ을 뺀 나머지이고, 모음은 ㅇ**을 일컫습니다.

bcdfghjklmn
pqrstvwxyz
알파벳 자음

알파벳 모음

알파벳에서 자음은 bcdfghjklmnpqrstvwxyz이고, **알파벳에서 모음은 aeiou**입니다. 이중 모음인 wy는 자음 취급합니다.

자음의 수(21개)는 한국어(13개)보다 많고, 모음의 수는 한국어보다 적기 때문에, 영어의 자음에는 한국어에 없는 소리가 많지만, 영어의 모음은 한국어보다 소리가 적습니다('어' 등 일부 모음은 영어가 더 다양한 경우도 있습니다.).

영어에서는 알파벳 모음(a,e,i,o,u)의 앞뒤에 어떤 자음이나 모음이 오는지에 따라 여러 가지 발음기호로 소리 납니다. 예를 들어, 'a'는 '아'뿐 아니라 '어', '애', '에이' 등으로 소리 납니다.

책의 공부법

[영어를 처음 배우는 분]
1. 처음부터 **한 페이지나 두 페이지**를 품니다.
2. **정답**을 맞추고 고쳐 씁니다.(정답은 페이지의 하단에 위치)
3. 원어민MP3나 강의를 들으며 최대한 비슷하게 **따라 읽습니다.**

[영어를 어느 정도 읽는 분, 2~3번째 듣는 분]
p.52부터 보시면 됩니다. 한국인들이 어려워하는 발음만 비교하며 익힐 수 있습니다. 원어민이 **읽어주기 전에 단어를 먼저 읽고**, 맞게 읽었는지 원어민의 발음을 듣고 확인합니다.

[공부할 때]
보다 쉽고 자세한 무료강의를 들으시려면 **rb.gy/f327kb**에 접속하세요. **책에 직접 쓰고, 틀려도 신경 쓰지 말고** 끝까지 보세요. p.78부터 영어 발음을 한글로 적는 것이 어렵게 느껴지시면, **발음기호를 참고해서 적으시면** 됩니다. 발음기호에 적혀진 ''기호는 강세를 뜻합니다. 대부분의 단어는 맨 앞에 강세가 있는데, 맨 앞에 강세가 있는 경우에는 강세를 표시하지 않았습니다.

영어를 처음 공부하는 분이라면 3회 이상 봐야 합니다. 발음을 따라 하는 것에 큰 어려움이 없다면, 한글을 들려줄 때는 영어단어를, 영어를 들려줄 때는 한글 뜻을 생각하며 들으면 1004 어휘를 같이 익힐 수 있습니다. 1004 어휘로 만든 영어회화책은 '8시간에 끝내는 기초영어 미드천사(이 책의 p.157)'를 참고 해주세요.

궁금하신 점은 마이클리시 카페miklish.com에서 질문해주시면 늦어도 3일 내에는 답변드립니다.

기본 모음

> **1 영어는 한국어보다 모음의 수가 적다.**
> 그래서 한가지 알파벳이 여러 가지로 소리 난다.
> 예를 들어 알파벳 a는 '아, 어, 애, 에이' 등으로 소리 난다.
> 하지만, 발음기호 'a'는 '아'만을 뜻하므로 '아'로 배운다.

각 장이 시작할 때의 설명을 읽으시면 더 쉽게 발음을 익힐 수 있습니다.

휴대폰의 사진기로
QR코드를 비춰보세요.

기본 모음	기본 자음	자음 비교
아=a 22	ㄱ=g 32	ㄹ=l,r 52
에=e 23	ㄴ=n 33	ㅂ=b,v 56
이=i 24	ㄷ=d 34	ㅅ=s,sh 58
오=o 25	ㄹ=l 35	ㅈ=j,z 60
우=u 26	ㅁ=m 36	ㅊ=ch,ts 62
으=? 27	ㅂ=b 37	ㅋ=k,qu,c,x 64
ㅇ=ng 28	ㅅ=s 38	ㅍ=p,f 68
● 29	ㅈ=j 39	ㄸ=th 72
	ㅊ=ch 40	●● 74
	ㅋ=k 41	
	ㅌ=t 42	
	ㅍ=p 43	
	ㅎ=h 44	
	●●●●● 45	

2 단어의 글자 사이는 하이픈(-)으로 구분한다.

그래서 길이는 gil-i로 쓴다. 그리고 길이의 정확한 한글발음은
'기리'인데, 발음 중심으로 영어를 쓰면 gi-li가 된다.
이 책에서는 소리 중심이 아니라 **표기 중심인 gil-i**로 쓴다.
만약, gili로 쓰면 영어에서는 '길리'로 읽게 된다. 발음에서는 항상 gil의 종성인 l이 i의 초성으로도 나타나기 때문이다.
(참고로 한글 '길'에서 초성은 ㄱ, 중성은 ㅣ, 종성은 ㄹ이다.)

약모음, 강모음	이중모음	묵음	쌍자음
a=아,에이 78	w=우 94	wh 104	ff 112
e=에,이이 80	y=이 95	gh 104	ll 112
i=이,아이 82	er=얼 96	ho 105	rr 113
o=어,오우 84	+에얼 97	kn 105	ss 113
u=우,유 86	+이얼 97	mb 106	ck 114
●● 90	+오얼 98	t 106	+ 114
	+우얼 98	l 107	●●● 115
	+얼얼 99	+ 107	
	+얼언 99	●● 108	
	+오이 100		
	+이우 100		
	● 101		

| 기본 모음 | 기본 자음 | 자음 비교 | 약모음,강모음 | 이중모음 | 묵음 | 쌍자음 |

아 = a

1
날 = n __ l
day [데이]

2
달 = d __ l
month [먼ㄸ]

3
발 = b __ l
foot [풋(ㅌ)]

4
밤 = b __ m
night [나잍(ㅌ)]

5
잘 = j __ l
well [웰]

6
아들 = __ -dl
son [썬]

7
가다 = g __ -d __
go [고우]

8
사다 = s __ -d __
buy [바이]

9
날다 = n __ l-d __
fly [플라이]

10
나라 = n __ -l __
country [컨트리]

11
닫다 = d __ d-d __
close [클로우ㅈ]

12
사람 = s __ -l __ m
person [펄쓴]

정답:
1 nal   2 dal   3 bal   7 ga-da   8 sa-da   9 nal-da
4 bam   5 jal   6 a-dl   10 na-la   11 dad-da   12 sa-lam

기본 모음 | 기본 자음 | 자음 비교 | 약모음, 강모음 | 이중모음 | 묵음 | 쌍자음

에 = e

아 에 이 오 우 으 이

13 메모 = m __-mo memo [메모우]	**19** 통제 = tong-j __ control [컨트로울]
14 문제 = mun-j __ problem [프라블럼]	**20** 체포 = ch __-po arrest [어'뤠ㅅㅌ]
15 곧게 = god-g __ straight [ㅅㅌ'뤠잍(ㅌ)]	**21** 체제 = ch __-j __ system [씨ㅅ템]
16 게임 = g __-im game [게임]	**22** 제트기 = j __-t-gi jet [젵(ㅌ)]
17 세다 = s __-d __ count [카운ㅌ]	**23** 세금 = s __-gm tax [택쓰]
18 가게 = g __-g __ store [ㅅ토얼]	**24** 호텔 = ho-t __l hotel [호'텔]

13 me-mo **14** mun-je **15** god-ge **16** ge-im **17** se-da **18** ga-ge

19 tong-je **20** che-po **21** che-je **22** je-t-gi **23** se-gm **24** ho-tel

기본 모음　　기본 자음　　자음 비교　　약모음, 강모음　　이중모음　　목음　　쌍자음

아 에 이 오 우 으 ㅇ

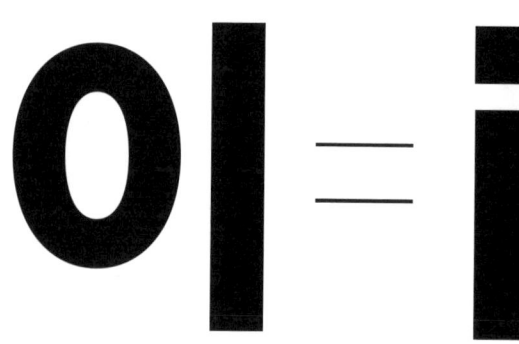

25
긴 = g __ n
long [렁]

26
길 = g __ l
way [웨이]

27
신 = s __ n
God [갇(ㄷ)]

28
짐 = j __ m
pack [팩(ㅋ)]

29
집 = j __ b
house [하우ㅆ]

30
아기 = __ -g __
baby [베이비]

31
다시 = d __ -s __
again [어게인]

32
나이 = n __ - __
age [에이쥐]

33
다리 = d __ -l __
leg [렉(ㄱ)]

34
비밀 = b __ -m __ l
secret [씨ㅋ륃(ㅌ)]

35
사실 = s __ -s __ l
fact [팩ㅌ]

36
이름 = __ -lm
name [네임]

25 gin　**26** gil　**27** sin　**31** da·si　**32** na·i　**33** da·li
28 jim　**29** jib　**30** a·gi　**34** bi·mil　**35** sa·sil　**36** i·lm

기본 모음 | 기본 자음 | 자음 비교 | 약모음, 강모음 | 이중모음 | 묶음 | 쌍자음

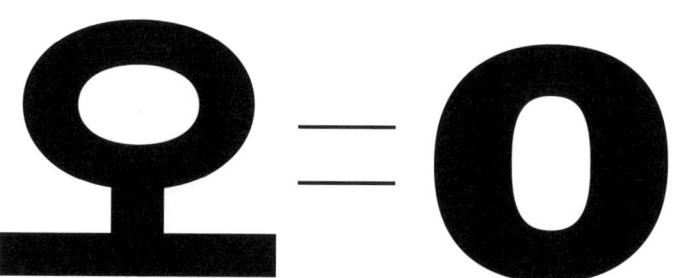

영어에 o만은 없지만, 편의상 o를 쓴다.
[자세한 사항은 p.85 참고]

37
돈 = d __ n
money [머니]

38
몸 = m __ m
body [바디]

39
사고 = s __ -g __
accident [액씨던ㅌ]

40
높이 = n __ p- __
high [하이]

41
놀다 = n __ l-d __
play [플레이]

42
가족 = g __ -j __ g
family [패밀리]

43
돌다 = d __ l-d __
turn [털언]

44
고모 = g __ -m __
aunt [언ㅌ]

45
보다 = b __ -d __
look [룩(ㅋ)]

46
도시 = d __ -s __
city [씨리]

47
부모 = bu-m __
parents [페런ㅊ]

48
메모 = m __ -m __
note [노읕(ㅌ)]

---

37 don **38** mom **39** sa-go **43** dol-da **44** go-mo **45** bo-da
40 nop-i **41** nol-da **42** ga-jog **46** do-si **47** bu-mo **48** me-mo

기본 모음 | 기본 자음 | 자음 비교 | 약모음, 강모음 | 이중모음 | 묵음 | 쌍자음

아 에 이 오 우 으 ㅇ

우 = u

49
눈 = n __ n
eye [아이]

50
문 = m __ n
door [도얼]

51
물 = m __ l
water [워럴]

52
불 = b __ l
fire [파이얼]

53
아주 = __ -j __
very [베뤼]

54
누구 = n __ -g __
who [후]

55
문제 = m __ n-j __
problem [프라블럼]

56
실수 = s __ l-s __
mistake [미씨'테잌(ㅋ)]

57
눈물 = n __ n-m __ l
tear [티얼]

58
부모 = b __ -m __
parents [페런츠]

59
부분 = b __ -b __ n
part [팔ㅌ]

60
죽다 = j __ g-d __
die [다이]

49 nun   **50** mun   **51** mul   **55** mun-je   **56** sil-su   **57** nun-mul
52 bul   **53** a-ju   **54** nu-gu   **58** bu-mo   **59** bu-bun   **60** jug-da

기본 모음 | 기본 자음 | 자음 비교 | 약모음,강모음 | 이중모음 | 묵음 | 쌍자음

으 = ?

'으'는 없으므로 소리내지 않는다.
(gift=기프트 X, 기프ㅌ O)

61
아들 = __-dl
son [썬]

62
아픈 = __-pn
sick [씩(ㅋ)]

63
흐르다 = h-l-d __
flow [플로우]

64
기름 = g __-lm
oil [오일]

65
느린 = n-l __ n
slow [슬로우]

66
등록 = dng-l __ g
register [뤠쥐ㅅ털]

67
지금 = j __-gm
now [나우]

68
그림 = g-l __ m
picture [픽쳘]

69
이름 = __-lm
name [네임]

70
승리 = sng-l __
victory [빅토뤼]

71
오르다 = __-l-d __
climb [클라임]

72
그림자 = g-l __ m-j __
shadow [쉐도우]

---

61 a-dl　**62** a-pn　**63** h-l-da　**67** ji-gm　**68** g-lim　**69** i-lm
64 gi-lm　**65** n-lin　**66** dng-log　**70** sng-li　**71** o-l-da　**72** g-lim-ja

아에이오우으ㅇ

ㅇ = ng

받침 ㅇ(이응)은 알파벳에서 ng로 쓴다.
[발음기호는 ŋ]

73
공 = g _ _ _ _
ball [벌]

74
방 = b _ _ _ _
room [룸]

75
통제 = t _ _ _ -j _
control [컨트롤]

76
강한 = g _ _ _ _ -h _ n
strong [ㅅㅌ ˈ 렁]

77
항상 = h _ _ _ _ -s _ _ _ _
always [얼웨이ㅈ]

78
사랑 = s _ -l _ _ _ _
love [럽(ㅂ)]

79
공기 = g _ _ _ -g _
air [에얼]

80
고통 = _ _ _ -t _ _ _ _
pain [페인]

81
농담 = n _ _ _ _ -d _ _ _
joke [조욱(ㅋ)]

82
공간 = g _ _ _ _ -g _ n
space [ㅅ페이ㅅ]

83
낭비 = n _ _ _ _ -b _
waste [웨이ㅅㅌ]

84
가방 = g _ -b _ _ _ _
bag [백(ㄱ)]

73 gong **74** bang **75** tong-je
76 gang-han **77** hang-sang **78** sa-lang
79 gong-gi **80** go-tong **81** nong-dam
82 gong-gan **83** nang-bi **84** ga-bang

기본 모음　　기본 자음　　자음 비교　　약모음, 강모음　　이중모음　　묶음　　쌍자음

종합문제

한글 → 영어

85
나이 = n __ - __
age [에이쥐]

86
아주 = __ -j __
very [베뤼]

87
지구 = j __ -g __
earth [얼띠]

88
아픈 = __ -pn
sick [씩(ㅋ)]

89
다시 = d __ -s __
again [어게인]

90
돌다 = d __ l-d __
turn [털언]

91
다리 = d __ -l __
leg [렉(ㄱ)]

92
문제 = m __ n-j __
problem [프라블럼]

93
메모 = m __ -m __
note [노읕(ㅌ)]

94
보다 = b __ -d __
look [룩(ㅋ)]

95
사실 = s __ -s __ l
fact [팩트]

96
실수 = s __ l-s __
mistake [미씨'테잌(ㅋ)]

85 na-i　　86 a-ju　　87 ji-gu　　91 da-li　　92 mun-je　　93 me-mo
88 a-pn　　89 da-si　　90 dol-da　　94 bo-da　　95 sa-sil　　96 sil-su

2시간에 끝내는 한글영어 발음천사

기본 자음

1 영어의 자음은 한국어의 자음보다 세게 소리 낸다.

왜냐하면 영어는 대부분 **복식호흡**으로 소리내기 때문이다. 그래서 소리가 크고, 억양이 강하며 한국어에 비해 더 강하게 소리 낸다.

기본 모음	기본 자음	자음 비교
아=a 22	ㄱ=g 32	ㄹ=l,r 52
에=e 23	ㄴ=n 33	ㅂ=b,v 56
이=i 24	ㄷ=d 34	ㅅ=s,sh 58
오=o 25	ㄹ=l 35	ㅈ=j,z 60
우=u 26	ㅁ=m 36	ㅊ=ch,ts 62
으=? 27	ㅂ=b 37	ㅋ=k,qu,c,x 64
ㅇ=ng 28	ㅅ=s 38	ㅍ=p,f 68
● 29	ㅈ=j 39	ㄸ=th 72
	ㅊ=ch 40	●● 74
	ㅋ=k 41	
	ㅌ=t 42	
	ㅍ=p 43	
	ㅎ=h 44	
	●●●●● 45	

2 영어는 한국어보다 자음의 수가 많다(된소리 제외).

그래서 한국어에는 없는 자음이 영어에는 있다.
예를 들어, 한국어의 ㅍ은 영어의 p에 가깝지만, 비슷하지만 다르게 소리 나는 f가 있다. ㅈ도 j발음과 z발음으로 나뉘고, ㄹ도 l과 r 발음으로, ㅂ도 b와 v으로 나뉜다.
이 단원에서는 대표적인 발음만 익히고, 다루지 않은 자음은 다음 단원(p.50)에서 비교하며 익힌다.

약모음, 강모음	이중모음	묵음	쌍자음
a=아,에이 78	w=우 94	wh 104	ff 112
e=에,이이 80	y=이 95	gh 104	ll 112
i =이,아이 82	er=얼 96	ho 105	rr 113
o=어,오우 84	+에얼 97	kn 105	ss 113
u=우,유 86	+이얼 97	mb 106	ck 114
●● 90	+오얼 98	t 106	+ 114
	+우얼 98	l 107	●●● 115
	+얼얼 99	+ 107	
	+얼언 99	●● 108	
	+오이 100		
	+아우 100		
	● 101		

| 기본 모음 | **기본 자음** | 자음 비교 | 약모음, 강모음 | 이중모음 | 묵음 | 쌍자음 |

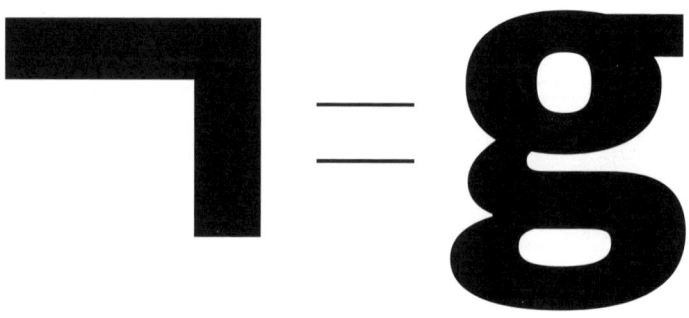

ㄱ보다 **목**이 많이 울린다.

97 긴 = __ __n long [렁]	**103** 가게 = __ __-__e store [스토얼]
98 길 = __ __l road [로우ㄷ]	**104** 아기 = __ -__ __ baby [베이비]
99 고모 = __ __-m__ aunt [언ㅌ]	**105** 고통 = __ __-t__ __ __ pain [페인]
100 가다 = __ __-d__ go [고우]	**106** 가방 = __ __-b__ __ __ bag [백(ㄱ)]
101 공 = __ __ __ __ ball [벌]	**107** 가족 = __ __-j__ __ family [패밀리]
102 공기 = __ __ __ __-__ __ air [에얼]	**108** 곧게 = __ __d-__ __ __ straight [스트뤠잍(ㅌ)]

97 gin **98** gil **99** go-mo **103** ga-ge **104** a-gi **105** go-tong
100 ga-da **101** gong **102** gong-gi **106** ga-bang **107** ga-jog **108** god-ge

기본 모음 | **기본 자음** | 자음 비교 | 약모음, 강모음 | 이중모음 | 묵음 | 쌍자음

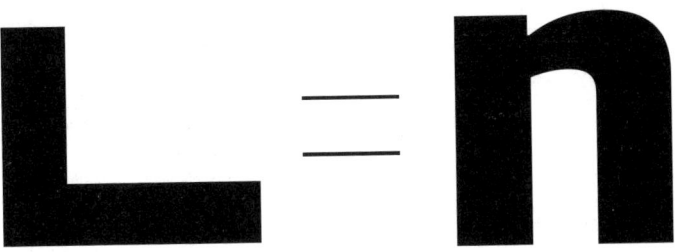

ㄴ보다 **코**가 많이 울린다.

109
눈 = _ _ _ _
eye [아이]

110
나이 = _ _ - _
age [에이쥐]

111
날 = _ _ l
day [데이]

112
날다 = _ _ l-d _
fly [플라이]

113
누구 = _ _ -g _
who [후]

114
놀다 = _ _ l-d _
play [플레이]

115
느린 = _ -l _ _
slow [슬로우]

116
높게 = _ _ p- _ _
high [하이]

117
공간 = _ _ _ _ _ -g _ _
space [ㅅ페이씨]

118
남자 = _ _ m-j _
man [맨]

119
놀란 = _ _ l-l _ _
surprised [썰ᵢ프라이ㅈㄷ]

120
낭비 = _ _ _ _ _ -b _
waste [웨이ㅅㅌ]

109 nun **110** na-i **111** nal
112 nal-da **113** nu-gu **114** nol-da

115 n-lin **116** nop-ge **117** gong-gan
118 nam-ja **119** nol-lan **120** nang-bi

기본 모음 **기본 자음** 자음 비교 약모음, 강모음 이중모음 묶음 쌍자음

ㄷ = d

혀와 안쪽 잇몸(치경)**에서 소리 낸다.**
[치아에는 혀가 닿지 않는다.]

121 돈 = __ __ n money [머니]	**127** 다른 = __ __ -ln different [디퍼뤈ㅌ]
122 다시 = __ __ -s __ again [어게인]	**128** 돕다 = __ __ b- __ __ help [헲(ㅍ)]
123 도시 = __ __ -s __ city [씨리]	**129** 농담 = _____ - ____ m joke [조욱(ㅋ)]
124 가다 = __ __ - __ __ go [고우]	**130** 아들 = __ - __ __ son [썬]
125 닫다 = __ __ __ - __ __ close [클로우ㅈ]	**131** 돌보다 = __ __ l-b __ - __ __ care [케얼]
126 돌다 = __ __ l- __ __ turn [털언]	**132** 달리다 = __ __ l-l __ - __ __ run [륀]

121 don **122** da-si **123** do-si **127** da-ln **128** dob-da **129** nong-dam
124 ga-da **125** dad-da **126** dol-da **130** a-dl **131** dol-bo-da **132** dal-li-da

기본 모음 | **기본 자음** | 자음 비교 | 약모음, 강모음 | 이중모음 | 묵음 | 쌍자음

'을'로 **시작**해서 'ㄹ'을 소리 낸다.

133
길 = __ __ __
way [웨이]

134
달 = __ __ __
month [먼뜨]

135
다리 = __ __ - __ __
leg [렉(ㄱ)]

136
나라 = __ __ - __ __
country [컨트뤼]

137
사람 = s __ - __ __ m
person [펄쓴]

138
그림 = __ - __ __ m
picture [픽철]

139
이름 = __ - __ m
name [네임]

140
알다 = __ __ - __ __
know [노우]

141
오르다 = __ - __ - __ __
climb [클라임]

142
날다 = __ __ __ - __ __
fly [플라이]

143
길이 = __ __ __ - __
length [렝뜨]

144
느린 = __ - __ __ __
slow [슬로우]

---

133 gil   **134** dal   **135** da-li
136 na-la   **137** sa-lam   **138** g-lim

139 i-lm   **140** al-da   **141** o-l-da
142 nal-da   **143** gil-i   **144** n-lin

| 기본 모음 | **기본 자음** | 자음 비교 | 약모음, 강모음 | 이중모음 | 묵음 | 쌍자음 |

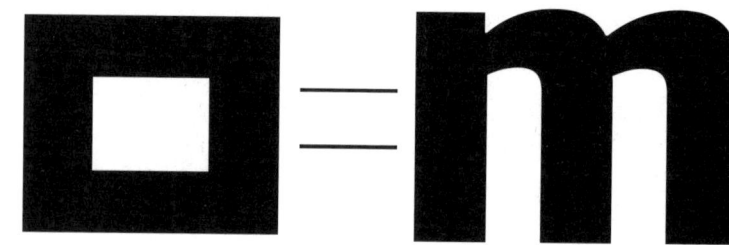

ㅁ보다 **코**가 많이 울린다.

145
막 = __ __ __
just [저ㅅㅌ]

146
몸 = __ __ __
body [바디]

147
문 = __ __ __
door [도얼]

148
물 = __ __ __
water [워럴]

149
메모 = __ __ - __ __
note [노읕(ㅌ)]

150
문제 = __ __ __ -j __
problem [프라블럼]

151
물론 = __ __ __ - __ __ __
of course [업(ㅂ) 콜ㅆ]

152
목록 = __ __ __ - __ __ __
list [리ㅅㅌ]

153
미국 = __ __ - __ __ __
America [어메리카]

154
밀다 = __ __ __ - __ __
push [푸쉬]

155
게임 = __ __ - __ __
game [게임]

156
감각 = __ __ __ - __ __ __
sense [쎈ㅅ]

---

145 mag **146** mom **147** mun **151** mul·lon **152** mog·log **153** mi·gug
148 mul **149** me·mo **150** mun·je **154** mil·da **155** ge·im **156** gam·gag

기본 모음 **기본 자음** 자음 비교 약모음, 강모음 이중모음 묵음 쌍자음

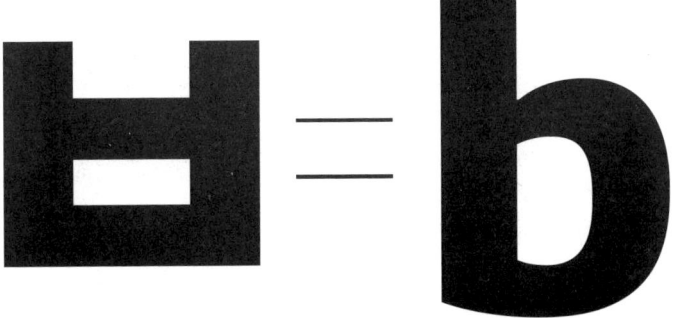

ㅂ보다 **목**이 많이 울린다.

157
발 = _ _ _ _
foot [풑(ㅌ)]

158
밤 = _ _ _ _
night [나잍(ㅌ)]

159
방 = _ _ _ _ _
room [룸]

160
불 = _ _ _ _
fire [파이얼]

161
보다 = _ _ _-_ _
look [룩(ㅋ)]

162
비밀 = _ _ _-_ _ _ _
secret [씨ㅋ륕(ㅌ)]

163
바닥 = _ _ _-_ _ _ _
floor [플로얼]

164
불다 = _ _ _ _-_ _ _
blow [블로우]

165
붙다 = _ _ _ t-_ _ _
stick [스틱(ㅋ)]

166
부분 = _ _ _-_ _ _ _
part [팔ㅌ]

167
가방 = _ _ _-_ _ _ _ _
bag [백(ㄱ)]

168
부모 = _ _ _-_ _ _
parents [페런ㅊ]

157 bal **158** bam **159** bang
160 bul **161** bo-da **162** bi-mil

163 ba-dag **164** bul-da **165** but-da
166 bu-bun **167** ga-bang **168** bu-mo

기본 모음　**기본 자음**　자음 비교　약모음, 강모음　이중모음　묵음　쌍자음

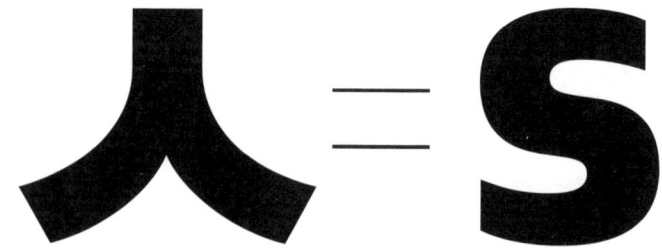

ㅅ과 ㅆ의 중간

[대부분 ㅆ으로 소리 내지만, 강세 없이 s로 시작하면 ㅅ.]
[일단은 ㅅ과 ㅆ 둘 다 정답, s는 받침으로 사용하지 않는다.]

169
손 = __ __ __ __
hand [핸ㄷ]

170
신 = __ __ __ __
God [갇(ㄷ)]

171
사고 = __ __ - __ __
accident [액씨던ㅌ]

172
사다 = __ __ - __ __
buy [바이]

173
사랑 = __ __ - __ __ __ __
love [럽(ㅂ)]

174
사실 = __ __ - __ __ __
fact [팩ㅌ]

175
살다 = __ __ __ - __ __
live [립(ㅂ)]

176
식사 = __ __ __ - __ __
meal [미일]

177
세다 = __ __ - __ __
count [카운ㅌ]

178
시간 = __ __ - __ __ __
time [타임]

179
슬픈 = __ __ -p __
sad [쌛(ㄷ)]

180
실수 = __ __ __ - __ __
mistake [미쓰ˈ테잌(ㅋ)]

---

169 son　**170** sin　**171** sa-go　　**175** sal-da　**176** sig-sa　**177** se-da
172 sa-da　**173** sa-lang　**174** sa-sil　**178** si-gan　**179** sl-pn　**180** sil-su

기본 모음 | **기본 자음** | 자음 비교 | 약모음, 강모음 | 이중모음 | 묵음 | 쌍자음

ㅈ과 ㅉ의 중간, 입 모양 '위'에서 발음한다.
[발음기호는 dʒ]

181
짐 = _ _ _ _
pack [팩(ㅋ)]

182
집 = _ _ _ _
house [하우ㅅ]

183
잘 = _ _ _ _
well [웰]

184
아주 = _ - _ _ _
very [베뤼]

185
자다 = _ _ - _ _ _
sleep [슬리잎(ㅍ)]

186
지구 = _ _ _ - _ _ _
earth [얼뜨]

187
자신 = _ _ - _ _ _ _
self [쎌프]

188
장소 = _ _ _ _ - _ _ _
place [플레이쓰]

189
죽다 = _ _ _ - _ _ _
die [다이]

190
지금 = _ _ - _ _ _
now [나우]

191
질문 = _ _ _ - _ _ _ _
question [퀘ㅅ쳔]

192
주방 = _ _ - _ _ _ _
kitchen [킽친]

181 jim **182** jib **183** jal
184 a-ju **185** ja-da **186** ji-gu
187 ja-sin **188** jang-so **189** jug-da
190 ji-gm **191** jil-mun **192** ju-bang

ㅊ = ch

입 모양을 '위'를 하고 'ㅊ'을 소리 낸다.
[발음기호는 tʃ]

193
차[챠] = _ _ _ _
car [칼]

194
총[춍] = _ _ _ _ _
gun [건]

195
치다 = _ _ _ - _ _
hit [힡(ㅌ)]

196
친구 = _ _ _ _ - _ _
friend [프렌드]

197
체제 = _ _ _ - _ _
system [씨ㅅ텀]

198
추운 = _ _ _ - _ _
cold [코울드]

199
미친 = _ _ - _ _ _ _
crazy [크뤠이지]

200
충고 = _ _ _ _ _ _ - _ _
advice [어ㄷ'바이ㅆ]

201
축하 = _ _ _ _ - _ _ _
congratulation [컹ㄱ래출'레이션]

202
창 = _ _ _ _ _ _
window [윈도우]

203
고침 = _ _ _ - _ _ _ _ _
fix [픽ㅆ]

204
춤 = _ _ _ _ _
dance [댄ㅆ]

---

193 cha 194 chong 195 chi-da 196 chin-gu 197 che-je 198 chu-un
199 mi-chin 200 chung-go 201 chug-ha 202 chang 203 go-chim 204 chum

| 기본 모음 | **기본 자음** | 자음 비교 | 약모음, 강모음 | 이중모음 | 묵음 | 쌍자음 |

 =

ㅋ보다 **입** 안쪽(목젖에 가까운)에서 소리 낸다.

205
칸 = __ __ __
cell [쎌]

206
코 = __ __
nose [노우ㅈ]

207
키 = __ __
height [하읱(ㅌ)]

208
칼 = __ __ __
knife [나이ㅍ]

209
큰 = __ __
big [빅(ㄱ)]

210
콩 = __ __ __ __
bean [비인]

211
카레 = __ __ - __ __
curry [커뤼]

212
크기 = __ - __ __
size [싸이ㅈ]

213
키우다 = __ __ - __ - __ __
grow [ㄱ로우]

214
큰일 = __ __ - __ __
big deal [빅 디일]

215
키다리 = __ __ - __ __ - __ __
gangly [갱글리]

216
카페 = __ __ - p __
cafe [캐페이]

205 kan **206** ko **207** ki
208 kal **209** kn **210** kong

211 ka-le **212** k-gi **213** ki-u-da
214 kn-il **215** ki-da-li **216** ka-pe

ㅌ = t

ㅌ보다 **치아에 가까운 데**서(치경) 소리 낸다.

217
팀 = _ _ _ _
team [티임]

218
솥 = _ _ _
pot [팥(ㅌ)]

219
타다 = _ _ - _ _
burn [벌언]

220
탁자 = _ _ _ - _ _
table [테이블]

221
통제 = _ _ _ _ - _ _
control [컨ㅌ롤]

222
고통 = _ _ - _ _ _ _
pain [페인]

223
토론 = _ _ - _ _ _
discuss [디ㅅ'커ㅆ]

224
투자 = _ _ - _ _
investment [인'베ㅅㅌ먼ㅌ]

225
토지 = _ _ - _ _
land [랜ㄷ]

226
낱말 = _ _ _ - _ _ _
word [월ㄷ]

227
토마토 = _ _ - _ _ _ - _ _ _
tomato [토'메이로]

228
특징 = _ _ - _ _ _ _
character [캐럭털]

---

217 tim   **218** sot   **219** ta·da
220 tag·ja   **221** tong·je   **222** go·tong

223 to·lon   **224** tu·ja   **225** to·ji
226 nat·mal   **227** to·ma·to   **228** tg·jing

42

기본 모음 | **기본 자음** | 자음 비교 | 약모음, 강모음 | 이중모음 | 묵음 | 쌍자음

ㅍ보다 **강하게** 소리 낸다.

229
피 = __ __
blood [블러ㄷ]

230
팔 = __ __ __
arm [앎]

231
폭 = __ __ __
width [윋ㄸ]

232
잎 = __ __
leaf [리이ㅍ]

233
아픈 = __-__ __
sick [씩(ㅋ)]

234
팔다 = __ __ __-__ __
sell [쎌]

235
파란 = __ __-__ __ __
blue [블루]

236
파리 = __ __-__ __
fly [플라이]

237
체포 = __ __ __-__ __
arrest [어뤠ㅅㅌ]

238
슬픈 = __ __-__ __
sad [쌛(ㄷ)]

239
판사 = __ __ __-__ __
judge [졷쥐]

240
품질 = __ __ __-__ __ __
quality [쿠얼러티]

229 pi **230** pal **231** pog
232 ip **233** a-pn **234** pal-da

235 pa-lan **236** pa-li **237** che-po
238 sl-pn **239** pan-sa **240** pum-jil

기본 모음 | **기본 자음** | 자음 비교 | 약모음, 강모음 | 이중모음 | 묵음 | 쌍자음

ㅎ보다 **목 안쪽**에서 소리 낸다.

241
힘 = __ __ __
strength [ㅅㅌ뤵ㄸ]

242
혼자 = __ __ - __ __
alone [얼로운]

243
한다 = __ __ __ - __ __
do [두]

244
강한 = __ __ __ __ __ - __ __ __
strong [ㅅㅌ'렁]

245
호텔 = __ __ - __ __ __
hotel [호'텔]

246
신호 = __ __ __ - __ __
signal [씨ㄱ널]

247
하늘 = __ __ - __ __
sky [ㅅ카이]

248
학습 = __ __ __ - __ __
study [ㅅ터디]

249
흐름 = __ - __ __
flow [플로우]

250
기호 = __ __ - __ __
sign [싸인]

251
무한 = __ __ - __ __ __
infinite [인피닡(ㅌ)]

252
간호 = __ __ __ - __ __
nursing [널씽]

241 him **242** hon·ja **243** han·da **247** ha·nl **248** hag·sb **249** h·lm
244 gang·han **245** ho·tel **246** sin·ho **250** gi·ho **251** mu·han **252** gan·ho

기본 모음　　기본 자음　　자음 비교　　약모음,강모음　　이중모음　　묵음　　쌍자음

종합문제

한글 → 영어
[너무 많이 틀린다면 다시 처음부터 학습하고 푼다.]

253
공 = _ _ _ _ _
ball [벌]

254
눈 = _ _ _ _
eye [아이]

255
돈 = _ _ _ _
money [머니]

256
달 = _ _ _ _
month [먼뜨]

257
몸 = _ _ _ _
body [바디]

258
문 = _ _ _ _
door [도얼]

259
힘 = _ _ _ _
strength [ㅅ트뤵뜨]

260
불 = _ _ _ _
fire [파이얼]

261
총 = _ _ _ _ _ _
gun [건]

262
짐 = _ _ _ _
pack [팩(ㅋ)]

263
잎 = _ _ _
leaf [리잎(ㅍ)]

264
칼 = _ _ _ _ _
knife [나이프]

| 253 gong | 254 nun | 255 don | 259 him | 260 bul | 261 chong |
| 256 dal | 257 mom | 258 mun | 262 jim | 263 ip | 264 kal |

종합문제

한글 → 영어

265
나이 = _ _ _ - _
age [에이쥐]

266
보다 = _ _ _ - _ _ _
look [룩(ㅋ)]

267
붙다 = _ _ _ _ - _ _ _
stick [ㅅ틱(ㅋ)]

268
미친 = _ _ _ - _ _ _ _ _
crazy [크뤠이지]

269
질문 = _ _ _ _ - _ _ _ _
question [퀘ㅅ쳔]

270
주방 = _ _ _ - _ _ _ _
kitchen [킽친]

271
크기 = _ _ - _ _ _
size [싸이ㅈ]

272
팔다 = _ _ _ _ _ - _ _
sell [쎌]

273
간호 = _ _ _ _ - _ _ _
nursing [널씽]

274
토론 = _ _ _ _ - _ _ _ _
discuss [디ㅅ'커ㅆ]

275
비밀 = _ _ _ - _ _ _ _
secret [씨크륃(ㅌ)]

276
이름 = _ _ - _ _ _
name [네임]

---

265 na-i **266** bo-da **267** but-da
268 mi-chin **269** jil-mun **270** ju-bang
271 k-gi **272** pal-da **273** gan-ho
274 to-lon **275** bi-mil **276** i-lm

종합문제

한글 → 영어

277
알다 = ___-___
know [노우]

278
길이 = ____-__
length [렝뜨]

279
목록 = ____-____
list [리ㅅㅌ]

280
감각 = ____-____
sense [쎈ㅅ]

281
가방 = ___-____
bag [백(ㄱ)]

282
슬픈 = ___-___
sad [쌘(ㄷ)]

283
지금 = ___-___
now [나우]

284
체제 = ____-___
system [씨ㅅ텀]

285
큰일 = ___-___
big deal [빅 디일]

286
낱말 = ____-____
word [월ㄷ]

287
체포 = ____-___
arrest [어뤠ㅅㅌ]

288
학습 = ____-___
study [ㅅ터디]

277 al-da 278 gil-i 279 mog-log 283 ji-gm 284 che-je 285 kn-il
280 gam-gag 281 ga-bang 282 sl-pn 286 nat-mal 287 che-po 288 hag-sb

47

기본 모음 기본 자음 자음 비교 약모음, 강모음 이중모음 묵음 쌍자음

종합문제

영어 → 한글
[알파벳과 발음기호가 같은 단어를 출제했다.]

289
bed = ___ (___)
[bed] 침대

290
best = ___ ___ ___
[best] 최고의

291
cold = ___ ___
[kould] 추운

292
big = ___ (___)
[big] 큰

293
get = ___ (___)
[get] 생기다

294
gift = ___ ___ ___
[gift] 선물

295
go = ___
[gou] 가다

296
leg = ___ (___)
[leg] 다리

297
hit = ___ (___)
[hit] 치다

298
hold = ___ ___
[hould] 유지하다

299
hotel = ___ ___
[həˈtel] 호텔

300
kid = ___ (___)
[kid] 아이

289 벧(ㄷ)   290 베ㅅ트   291 콜드   295 고   296 렉(ㄱ)   297 힡(ㅌ)
292 빅(ㄱ)   293 겥(ㅌ)   294 기ㅍ트   298 홀드   299 호텔   300 킫(ㄷ)

기본 모음 기본 자음 자음 비교 약모음, 강모음 이중모음 묵음 쌍자음

종합문제

영어 → 한글

301
last = ___ ___ ___
[last] 마지막

302
left = ___ ___ ___
[left] 왼쪽

303
let = ___ (___)
[let] 허락하다

304
list = ___ ___ ___
[list] 목록

305
no = ___
[no] 아닌

306
send = ___ ___
[send] 보내다

307
so = ___
[sou] 그래서, 그렇게, 아주

308
song = ___
[soŋ] 노래

309
soul = ___ ___
[soul] 혼

310
spend = ___ ___ ___
[spend] 소비하다

311
step = ___ ___ (___)
[step] 단계, 걸음

312
test = ___ ___ ___
[test] 시험하다

301 라스트 302 레프트 303 렏(트)
304 리스트 305 노 306 쎈드
307 쏘 308 쏭 309 쏘울
310 ㅅ펜드 311 ㅅ텝(ㅍ) 312 테스트

자음 비교

1 영어는 한국어보다 자음의 수가 많다(된소리 제외).
그래서 한국어에는 없는 자음이 영어에는 있다.
예를 들어, 한국어의 ㄹ은 영어의 l에 가깝지만, 비슷하지만
다르게 소리 나는 r이 있다. 한국어 '다리'에서 '리'를 l로 소리 낼
때와 r로 소리 낼 때를 비교하며 발음을 익힌다.

기본 모음	기본 자음	자음 비교
아=a 22	ㄱ=g 32	**ㄹ=l,r** 52
에=e 23	ㄴ=n 33	**ㅂ=b,v** 56
이=i 24	ㄷ=d 34	**ㅅ=s,sh** 58
오=o 25	ㄹ=l 35	**ㅈ=j,z** 60
우=u 26	ㅁ=m 36	**ㅊ=ch,ts** 62
으=? 27	ㅂ=b 37	**ㅋ=k,qu,c,x** 64
ㅇ=ng 28	ㅅ=s 38	**ㅍ=p,f** 68
● 29	ㅈ=j 39	**ㄸ=th** 72
	ㅊ=ch 40	●● 74
	ㅋ=k 41	
	ㅌ=t 42	
	ㅍ=p 43	
	ㅎ=h 44	
	●●●●●● 45	

2 표기가 다르지만, 발음이 같은 경우도 있다.

ㅊ은 주로 ch로 표기하지만, ts로도 표기한다.
ㅍ(f)은 주로 f로 표기하지만, ph, gh로도 표기한다.

약모음, 강모음	이중모음	묵음	쌍자음
a=아,에이 78	w=우 94	wh 104	ff 112
e=에,이이 80	y=이 95	gh 104	ll 112
i=이,아이 82	er=얼 96	ho 105	rr 113
o=어,오우 84	+에얼 97	kn 105	ss 113
u=우,유 86	+이얼 97	mb 106	ck 114
●● 90	+오얼 98	t 106	+ 114
	+우얼 98	l 107	●●● 115
	+얼얼 99	+ 107	
	+얼언 99	●● 108	
	+오이 100		
	+아우 100		
	● 101		

ㄹ = l

ㅂ ㅅ ㅈ ㅊ ㅋ ㅍ ㄸ

초성 l은 **'을'**에서 시작해
혀가 입천장에 **닿는**다.

313
다리 = ___ - ___
leg [렉(ㄱ)]

314
나라 = ___ - ___
country [컨ㅌ뤼]

315
사람 = ___ - ___
person [펄쓴]

316
그림 = __ - ___
picture [픽철]

317
이름 = __ - ___
name [네임]

318
오르다 = __ - __ - ___
climb [클라임]

319
사랑 = ___ - ___
love [럽(ㅂ)]

320
도리 = ___ - ___
duty [두리]

321
목록 = ___ - ___
list [리ㅅㅌ]

322
사다리 = ___ - ___ - ___
ladder [래덜]

323
구르다 = ___ - __ - ___
roll [롤]

324
기록 = ___ - ___
record [뤠콜ㄷ]

313 da-li **314** na-la **315** sa-lam **319** sa-lang **320** do-li **321** mog-log
316 g-lim **317** i-lm **318** o-l-da **322** sa-da-li **323** gu-l-da **324** gi-log

기본 모음　기본 자음　**자음 비교**　약모음, 강모음　이중모음　묵음　쌍자음

초성 r은 **'우'에서** 시작해 혀가 입천장에 **닿지 않는**다.

325
다리[다뤼] = ___-___
leg [렉(ㄱ)]

326
나라[나롸] = ___-___
country [컨트뤼]

327
사람[사뢈] = ___-_____
person [펄쓴]

328
그림[그룀] = __-_____
picture [픽춸]

329
이름[이룸] = __-___
name [네임]

330
오르다 = _-__-___
climb [클라임]

331
사랑 = ___-_____
love [럽(ㅂ)]

332
도리 = ___-___
duty [두리]

333
목록 = _____-____
list [리ㅅㅌ]

334
사다리 = ___-___-___
ladder [래덜]

335
구르다 = ___-__-___
roll [롤]

336
기록 = ___-_____
record [뤠콜ㄷ]

325 da-ri　**326** na-ra　**327** sa-ram
328 g-rim　**329** i-rm　**330** o-r-da

331 sa-rang　**332** do-ri　**333** mog-rog
334 sa-da-ri　**335** gu-r-da　**336** gi-rog

기본 모음　기본 자음　**자음 비교**　약모음, 강모음　이중모음　묵음　쌍자음

ㄹ = ㅣ

받침 ㅣ은 **혀** 가운데에 힘을 줘 아랫니 밑 부분에 붙여 **움직이지 않고** 소리 낸다.

337
길 = __ __ __ __
way [웨이]

338
달 = __ __ __ __
month [먼ㄸ]

339
돌 = __ __ __ __
rock [롹(ㅋ)]

340
말 = __ __ __ __
words [월ㅈ]

341
알다 = __ __ __ - __ __ __
know [노우]

342
날다 = __ __ __ __ - __ __ __
fly [플라이]

343
길이 = __ __ __ __ - __
length [렝ㄸ]

344
비밀 = __ __ - __ __ __ __
secret [씨ㅋ륃(ㅌ)]

345
실망 = __ __ __ __ - __ __ __ __
disappointment [디쌔'퍼인ㅌ먼ㅌ]

346
몰두 = __ __ __ __ - __ __ __
concentration [컨쎈'ㅌ레이션]

347
기술 = __ __ __ - __ __ __ __
technology [텍(ㅋ)'널러쥐]

348
불다 = __ __ __ __ - __ __ __
blow [블로우]

337 gil　**338** dal　**339** dol　**343** gil·i　**344** bi·mil　**345** sil·mang
340 mal　**341** al·da　**342** nal·da　**346** mol·du　**347** gi·sul　**348** bul·da

기본 모음　기본 자음　**자음 비교**　약모음, 강모음　이중모음　묵음　쌍자음

ㄹ = r

받침 r은 **혀를** 위쪽으로 말면서 소리 낸다. 혀가 입천장에 붙지 않는다.

349
길 = __ __ __ __
way [웨이]

350
달 = __ __ __ __
month [먼뜨]

351
돌 = __ __ __ __
rock [롹(ㅋ)]

352
말 = __ __ __ __
words [월ㅈ]

353
알다 = __ __ __ - __ __ __
know [노우]

354
날다 = __ __ __ __ - __ __ __
fly [플라이]

355
길이 = __ __ __ __ - __
length [렝뜨]

356
비밀 = __ __ __ - __ __ __ __
secret [씨크륕(ㅌ)]

357
실망 = __ __ __ __ - __ __ __ __
disappointment [디써'퍼인ㅌ먼ㅌ]

358
몰두 = __ __ __ __ - __ __ __
concentration [컨쎈'ㅌ레이션]

359
기술 = __ __ __ - __ __ __ __
technology [텍(ㅋ)'널러쥐]

360
불다 = __ __ __ __ - __ __ __
blow [블로우]

349 gir　**350** dar　**351** dor
352 mar　**353** ar·da　**354** nar·da

355 gir-i　**356** bi-mir　**357** sir-mang
358 mor-du　**359** gi-sur　**360** bur-da

기본 모음　기본 자음　**자음 비교**　약모음, 강모음　이중모음　묵음　쌍자음

양 **입술**로만 소리 낸다

361 발 = __ __ __ foot [풑(ㅌ)]	**367** 바닥 = __ __ - __ __ __ floor [플로얼]
362 밤 = __ __ __ night [나잍(ㅌ)]	**368** 불다 = __ __ __ - __ __ blow [블로우]
363 방 = __ __ __ __ room [룸]	**369** 붙다 = __ __ __ - __ __ stick [ㅅ틱(ㅋ)]
364 불 = __ __ __ fire [파이얼]	**370** 부분 = __ __ - __ __ __ part [팔ㅌ]
365 보다 = __ __ - __ __ look [룩(ㅋ)]	**371** 가방 = __ __ - __ __ __ __ bag [백(ㄱ)]
366 비밀 = __ __ - __ __ __ secret [씨ㅋ뤁(ㅌ)]	**372** 부모 = __ __ - __ __ parents [페런ㅊ]

361 bal　**362** bam　**363** bang　**367** ba-dag　**368** bul-da　**369** but-da
364 bul　**365** bo-da　**366** bi-mil　**370** bu-bun　**371** ga-bang　**372** bu-mo

기본 모음 기본 자음 **자음 비교** 약모음, 강모음 이중모음 묵음 쌍자음

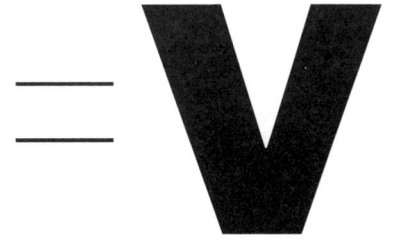

윗니와 **아랫입술**로만 소리 낸다.

373
발 = __ __ __
foot [풑(ㅌ)]

374
밤 = __ __ __
night [나잍(ㅌ)]

375
방 = __ __ __ __
room [룸]

376
불 = __ __ __
fire [파이얼]

377
보다 = __ __ - __ __
look [룩(ㅋ)]

378
비밀 = __ __ - __ __ __
secret [씨크륕(ㅌ)]

379
바닥 = __ __ - __ __ __
floor [플로얼]

380
불다 = __ __ __ - __ __
blow [블로우]

381
붙다 = __ __ __ - __ __
stick [스틱(ㅋ)]

382
부분 = __ __ - __ __ __
part [팔ㅌ]

383
가방 = __ __ - __ __ __ __
bag [백(ㄱ)]

384
부모 = __ __ - __ __
parents [페런ㅊ]

---

373 val **374** vam **375** vang   **379** va-dag **380** vul-da **381** vut-da
376 vul **377** vo-da **378** vi-mil   **382** vu-vun **383** ga-vang **384** vu-mo

ㅅ = S

다른 모음과 함께 발음되거나
단독으로 입 모양 **'으'**에서 발음한다.

385
손 = __ __ __
hand [핸ㄷ]

386
신 = __ __ __
God [갇(ㄷ)]

387
사고 = __ __ - __ __
accident [액씨던ㅌ]

388
사다 = __ __ - __ __
buy [바이]

389
사랑 = __ __ - __ __ __ __
love [럽(ㅂ)]

390
사실 = __ __ - __ __ __
truth [트루뜨]

391
살다 = __ __ __ - __ __
live [립(ㅂ)]

392
승리 = __ __ __ - __ __
victory [빅토뤼]

393
세다 = __ __ - __ __
count [카운ㅌ]

394
시간 = __ __ - __ __ __
time [타임]

395
슬픈 = __ __ - __ __
sad [쌘(ㄷ)]

396
실수 = __ __ __ - __ __
mistake [미씨'테잌(ㅋ)]

385 son **386** sin **387** sa-go
388 sa-da **389** sa-lang **390** sa-sil
391 sal-da **392** sng-li **393** se-da
394 si-gan **395** sl-pn **396** sil-su

| 기본 모음 | 기본 자음 | **자음 비교** | 약모음, 강모음 | 이중모음 | 묵음 | 쌍자음 |

ㅅ=sh

입 모양 '위'에서 '쉬'로 발음한다.
['위'를 소리 내면 안되고 입 모양만 '위'를 한다. 발음기호는 ʃ]

397
숀 = _ _ _ _ _
hand [핸ㄷ]

398
쉰 = _ _ _ _ _
God [갇(ㄷ)]

399
샤고 = _ _ _ _-_ _ _
accident [액씨던ㅌ]

400
샤다 = _ _ _ _-_ _ _
buy [바이]

401
샤랑 = _ _ _ _-_ _ _ _ _
love [럽(ㅂ)]

402
샤쉴 = _ _ _ _-_ _ _ _ _
truth [트루ㄸ]

403
샬다 = _ _ _ _-_ _ _
live [립(ㅂ)]

404
슁리 = _ _ _ _-_ _ _
victory [빅토뤼]

405
셰다 = _ _ _ _-_ _ _
count [카운ㅌ]

406
쉬간 = _ _ _ _-_ _ _
time [타임]

407
쉴픈 = _ _ _ _-_ _ _
sad [쌘(ㄷ)]

408
쉴수 = _ _ _ _-_ _ _
mistake [미씨'테익(ㅋ)]

397 shon **398** shin **399** sha-go **403** shal-da **404** shng-li **405** she-da
400 sha-da **401** sha-lang **402** sha-shil **406** shi-gan **407** shl-pn **408** shil-su

입 모양 '위'에서
ㅈ보다 **강하게, 울리지 않고** 소리 낸다.(p.39)
[발음 기호는 **dʒ**]

409
짐[쥠] = ___ ___ ___ ___
pack [팩(ㅋ)]

410
집[쥡] = ___ ___ ___ ___
house [하우ㅆ]

411
잘[좔] = ___ ___ ___ ___
well [웰]

412
아주 = ___ - ___ ___ ___
very [베뤼]

413
자다 = ___ ___ - ___ ___ ___
sleep [슬리잎(ㅍ)]

414
지구 = ___ ___ - ___ ___ ___
earth [얼ㄸ]

415
자신 = ___ ___ - ___ ___ ___
self [쎌프]

416
장소 = ___ ___ ___ ___ - ___ ___ ___
place [플레이ㅆ]

417
죽다 = ___ ___ ___ - ___ ___ ___
die [다이]

418
지금 = ___ ___ - ___ ___ ___
now [나우]

419
질문 = ___ ___ ___ - ___ ___ ___ ___
question [쿠에ㅅ쳔]

420
주방 = ___ ___ - ___ ___ ___ ___
kitchen [킽친]

---

409 jim **410** jib **411** jal
412 a·ju **413** ja·da **414** ji·gu

415 ja·sin **416** jang·so **417** jug·da
418 ji·gm **419** jil·mun **420** ju·bang

기본 모음 · 기본 자음 · **자음 비교** · 약모음, 강모음 · 이중모음 · 묵음 · 쌍자음

ㅈ = Z

ㅈ보다 **부드럽게, 많이 울려서** 소리 낸다.
[x로 시작하는 단어도 ㅈ으로 소리 낸다]

421
짐 = __ __ __
pack [팩(ㅋ)]

422
집 = __ __ __
house [하우ㅅ]

423
잘 = __ __ __
well [웰]

424
아주 = __-__ __
very [베뤼]

425
자다 = __ __-__ __
sleep [슬리잎(ㅍ)]

426
지구 = __ __-__ __
earth [얼ㄸ]

427
자신 = __ __-__ __ __
self [쎌프]

428
장소 = __ __ __ __-__ __
place [플레이쓰]

429
죽다 = __ __ __-__ __
die [다이]

430
지금 = __ __-__ __
now [나우]

431
질문 = __ __ __-__ __ __
question [쿠에ㅅ쳔]

432
주방 = __ __-__ __ __
kitchen [킽친]

---

421 zim **422** zib **423** zal **427** za-sin **428** zang-so **429** zug-da
424 a-zu **425** za-da **426** zi-gu **430** zi-gm **431** zil-mun **432** zu-bang

기본 모음　　기본 자음　　**자음 비교**　　약모음, 강모음　　이중모음　　묵음　　쌍자음

입 모양은 '위'를 하고 ㅊ을 소리 낸다(p.40)
[발음기호는 tʃ. ch는 ㅋ으로 발음될 수도 있다.]

433
차[챠] = _____
car [칼]

434
총[총] = _____
gun [건]

435
치다[취다] = _____-_____
hit [힡(ㅌ)]

436
친구 = _____-_____
friend [프렌ㄷ]

437
체제 = _____-_____
system [씨ㅅ텀]

438
추운 = _____-_____
cold [콜ㄷ]

439
미친 = _____-_____
crazy [크뤠이지]

440
충고 = _____-_____
advice [어ㄷ바이ㅅ]

441
축하 = _____-_____
congratulation [컹ㄱ래츌레이션]

442
창 = _____
window [윈도우]

443
고침 = _____-_____
fix [픽씨]

444
춤 = _____
dance [댄씨]

---

433 cha　**434** chong　**435** chi-da　**436** chin-gu　**437** che-je　**438** chu-un
439 mi-chin　**440** chung-go　**441** chug-ha　**442** chang　**443** go-chim　**444** chum

기본 모음 | 기본 자음 | **자음 비교** | 약모음, 강모음 | 이중모음 | 묵음 | 쌍자음

ㅊ = ts

ts는 항상 'ㅊ(ㅆ에 가까운)'으로 소리 내며,
종종 t도 'ㅊ'으로 소리 낸다.

445
차 = _ _ _
car [칼]

446
총 = _ _ _ _
gun [건]

447
치다 = _ _ _ - _ _
hit [힡(ㅌ)]

448
친구 = _ _ _ _ - _ _
friend [프렌ㄷ]

449
체제 = _ _ _ - _ _
system [씨ㅅ텀]

450
추운 = _ _ _ - _ _
cold [콜ㄷ]

451
미친 = _ _ - _ _ _ _
crazy [크퀘이지]

452
충고 = _ _ _ _ - _ _
advice [어ㄷ'바이ㅅ]

453
축하 = _ _ _ - _ _
congratulation [컹ㄱ래출레이션]

454
창 = _ _ _ _
window [윈도우]

455
고침 = _ _ - _ _ _ _
fix [픽ㅆ]

456
춤 = _ _ _ _
dance [댄ㅆ]

---

445 tsa **446** tsong **447** tsi-da
448 tsin-gu **449** tse-je **450** tsu-un

451 mi-tsin **452** tsung-go **453** tsug-ha
454 tsang **455** go-tsim **456** tsum

기본 모음　기본 자음　**자음 비교**　약모음, 강모음　이중모음　묵음　쌍자음

ㅋ = k

'ㅋ'으로 소리 낸다.
[발음 기호도 k]

457
칸 = __ __ __
cell [쎌]

458
코 = __ __
nose [노우ㅈ]

459
키 = __ __
height [하읱(ㅌ)]

460
칼 = __ __ __
knife [나이ㅍ]

461
큰 = __ __
big [빅(ㄱ)]

462
카드 = __ __ - __
card [칼ㄷ]

463
카레 = __ __ - __ __
curry [커뤼]

464
콩 = __ __ __ __
bean [비인]

465
코피 = __ __ - __ __
nosebleed [노우ㅈ블리이ㄷ]

466
콜라 = __ __ __ - __ __
coke [코욱(ㅋ)]

467
크림 = __ - __ __ __
cream [크뤼임]

468
카페 = __ __ - __ __
cafe [캐페이]

| **457** kan | **458** ko | **459** ki | **463** ka-le | **464** kong | **465** ko-pi |
| **460** kal | **461** kn | **462** ka-d | **466** kol-la | **467** k-lim | **468** ka-pe |

| 기본 모음 | 기본 자음 | **자음 비교** | 약모음, 강모음 | 이중모음 | 묵음 | 쌍자음 |

'쿠'에서 시작해 소리 낸다.

[여기서는 qu로 적는다. 발음 기호는 **kw**, w는 '우' p.94 참고]

469
쿠안 = _ _ _ _ _
cell [쎌]

470
쿠오 = _ _ _ _
nose [노우ㅈ]

471
쿠이 = _ _ _ _
height [하잍(ㅌ)]

472
쿠알 = _ _ _ _
knife [나이ㅍ]

473
쿤 = _ _ _ _
big [빅(ㄱ)]

474
쿠아드 = _ _ _ _ - _ _
card [칼ㄷ]

475
쿠아레 = _ _ _ _ - _ _ _
curry [커뤼]

476
쿠옹 = _ _ _ _ _
bean [비인]

477
쿠오피 = _ _ _ _ - _ _ _
nosebleed [노우ㅈ블리이ㄷ]

478
쿠올라 = _ _ _ _ _ _ - _ _ _
coke [코욱(ㅋ)]

479
쿠림 = _ _ _ - _ _ _ _
cream [크뤼임]

480
쿠아페 = _ _ _ _ - _ _ _
cafe [캐페이]

469 quan **470** quo **471** qui
472 qual **473** qun **474** qua-d
475 qua-le **476** quong **477** quo-pi
478 quol-la **479** qu-lim **480** qua-pe

ns어 ㄹ ㅂ ㅅ ㅈ ㅊ ㅋ ㅍ ㄸ

기본 모음 기본 자음 **자음 비교** 약모음, 강모음 이중모음 묵음 쌍자음

ㅋ = C

C는 ㅋ으로 소리 낸다.
[종종 ㅅ으로 소리 나기도 한다]

481
칸 = _ _ _ _
cell [쎌]

482
코 = _ _
nose [노우ㅈ]

483
키 = _ _
height [하읻(ㅌ)]

484
칼 = _ _ _
knife [나이ㅍ]

485
큰 = _ _
big [빅(ㄱ)]

486
카드 = _ _ - _
card [칼ㄷ]

487
카레 = _ _ - _ _
curry [커뤼]

488
콩 = _ _ _ _ _
bean [비인]

489
코피 = _ _ - _ _
nosebleed [노우ㅈ블리이ㄷ]

490
콜라 = _ _ _ - _ _
coke [코욱(ㅋ)]

491
크림 = _ - _ _ _
cream [크뤼임]

492
카페 = _ _ - _ _
cafe [캐페이]

481 can   **482** co   **483** ci   **487** ca·le   **488** cong   **489** co·pi
484 cal   **485** cn   **486** ca·d   **490** col·la   **491** c·lim   **492** ca·pe

기본 모음 기본 자음 **자음 비교** 약모음, 강모음 이중모음 묵음 쌍자음

ㅋ = x

받침으로 쓸 때 ㄱㅆ, ㅋㅆ으로 소리 낸다.
[발음 기호는 ks, 여기서는 x로 적는다.]

493
숙소 = _ _ _ _ _
lodging [라쥥]

494
학습 = _ _ _ _ _
study [ㅅ터디]

495
곡식 = _ _ _ _ _ _
grain [ㄱ뤠인]

496
박사 = _ _ _ _ _
doctor [닥털]

497
악수 = _ _ _ _
handshake [핸ㄷ쉐잌(ㅋ)]

498
목사 = _ _ _ _
minister [미니ㅅ털]

499
묵살 = _ _ _ _ _
ignoring [이ㄱ노얼링]

500
식사 = _ _ _ _
meal [미일]

501
작사 = _ _ _ _
write lyric [롸잍(ㅌ) 리맄(ㅋ)]

502
푹신 = _ _ _ _ _
soft [써ㅍㅌ]

503
목수 = _ _ _ _
carpenter [칼펀털]

504
박수 = _ _ _ _
handclap [핸ㄷ클랲(ㅍ)]

493 suxo   **494** haxb   **495** goxig
496 baxa   **497** axu   **498** moxa

499 muxal **500** sixa   **501** jaxa
502 puxin **503** moxu   **504** baxu

기본 모음　기본 자음　**자음 비교**　약모음, 강모음　이중모음　묵음　쌍자음

 =

양 **입술**로만 소리 낸다

505
피 = __ __
blood [블러ㄷ]

506
팔 = __ __ __
arm [앎]

507
숲 = __ __ __
forest [포뤼ㅅㅌ]

508
아픈 = __ - __ __
sick [씩(ㅋ)]

509
팔다 = __ __ __ - __ __
sell [쎌]

510
푸른 = __ __ - __ __
blue [블루]

511
파리 = __ __ - __ __
fly [플라이]

512
체포 = __ __ __ - __ __
arrest [어뤠ㅅㅌ]

513
슬픈 = __ __ - __ __
sad [쌛(ㄷ)]

514
판사 = __ __ __ - __ __
judge [젇쥐]

515
작품 = __ __ __ - __ __ __
artwork [알ㅌ월ㅋ]

516
품질 = __ __ __ - __ __ __
quality [퀄러티]

505 pi　**506** pal　**507** sup　**511** pa-li　**512** che-po　**513** sl-pn
508 a-pn　**509** pal-da　**510** pu-ln　**514** pan-sa　**515** jag-pum　**516** pum-jil

기본 모음　기본 자음　**자음 비교**　약모음, 강모음　이중모음　묵음　쌍자음

ㅍ = f

윗니와 **아랫입술**로만 소리 낸다.

517
피 = __ __
blood [블러드]

518
팔 = __ __ __
arm [앎]

519
숲 = __ __ __
forest [포뤼ㅅㅌ]

520
아픈 = __-__ __
sick [씩(ㅋ)]

521
팔다 = __ __ __-__ __
sell [쎌]

522
푸른 = __ __-__ __
blue [블루]

523
파리 = __ __-__ __
fly [플라이]

524
체포 = __ __ __-__ __
arrest [어뤠ㅅㅌ]

525
슬픈 = __ __-__ __
sad [쌘(ㄷ)]

526
판사 = __ __ __-__ __
judge [젇쥐]

527
작품 = __ __ __-__ __ __
artwork [알ㅌ월크]

528
품질 = __ __ __-__ __ __
quality [쿠얼러티]

517 fi　**518** fal　**519** suf
520 a-fn　**521** fal-da　**522** fu-ln
523 fa-li　**524** che-fo　**525** sl-fn
526 fan-sa　**527** jag-fum　**528** fum-jil

기본모음　기본자음　**자음 비교**　약모음,강모음　이중모음　묵음　쌍자음

ph=f 윗니와 **아랫입술**로만 소리 낸다.
[f와 발음은 같고 표기만 다르다.]

529
피 = __ __ __
blood [블러ㄷ]

530
잎 = __ __ __
leaf [리잎(ㅍ)]

531
숲 = __ __ __ __
forest [포뤼ㅅㅌ]

532
아픈 = __ - __ __ __
sick [씩(ㅋ)]

533
팔다 = __ __ __ __ - __ __
sell [쎌]

534
푸른 = __ __ __ - __ __
blue [블루]

535
들판 = __ __ - __ __ __ __
field [피일ㄷ]

536
파도 = __ __ __ - __ __
wave [웨입(ㅂ)]

537
슬픈 = __ __ - __ __ __ __
sad [쌛(ㄷ)]

538
풀다 = __ __ __ __ - __ __
solve [썰ㅂ]

539
작품 = __ __ __ - __ __ __ __
artwork [알ㅌ월ㅋ]

540
품질 = __ __ __ __ - __ __ __
quality [퀄러리]

529 phi　**530** iph　**531** suph　**535** dl-phan　**536** pha-do　**537** sl-phn
532 a-phn　**533** phal-da　**534** phu-ln　**538** phul-da　**539** jag-phum　**540** phum-jil

기본 모음　기본 자음　**자음 비교**　약모음, 강모음　이중모음　묵음　쌍자음

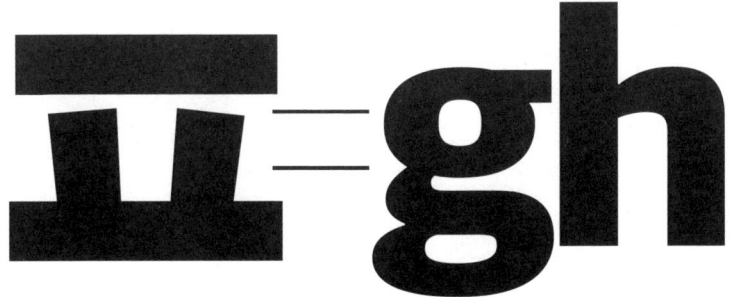

gh=f 윗니와 **아랫입술**로만 소리 낸다.
[주로 소리가 사라지거나 ㄱ으로 소리 낸다. p.104]

541
앞 = _ _ _ _
front [프런트]

542
잎 = _ _ _
leaf [리잎(ㅍ)]

543
숲 = _ _ _ _
forest [포뤼ㅅㅌ]

544
아픈 = _ - _ _ _
sick [씩(ㅋ)]

545
소포 = _ _ _ - _ _ _
parcel [팔쓸]

546
간판 = _ _ _ _ - _ _ _ _
sign [싸인]

547
들판 = _ _ _ - _ _ _ _
field [피일ㄷ]

548
짚신 = _ _ _ _ _ - _ _ _
straw shoes [ㅅㅌ러 슈ㅈ]

549
슬픈 = _ _ _ - _ _ _ _
sad [쎈(ㄷ)]

550
하품 = _ _ _ - _ _ _ _
yawn [연]

551
작품 = _ _ _ _ - _ _ _ _
artwork [알ㅌ월ㅋ]

552
비판 = _ _ _ - _ _ _ _
criticism [크뤼티씨즘]

---

541 agh　**542** igh　**543** sugh
544 a-ghn　**545** so-gho　**546** gan-ghan

547 dl-ghan　**548** jigh-sin　**549** sl-ghn
550 ha-ghum　**551** jag-ghum　**552** bi-ghan

ㄸ = th

기본 모음 · 기본 자음 · **자음 비교** · 약모음,강모음 · 이중모음 · 묵음 · 쌍자음

혀를 문 뒤 목을 **울리지 않고 강하게** 소리 낸다.
[ㄸ과 ㅆ의 중간 소리. 발음 기호는 θ]

553
땀 = _ _ _ _
sweat [ㅅ웰(ㅌ)]

554
땅 = _ _ _ _
land [랜ㄷ]

555
떼 = _ _ _
group [ㄱ룹(ㅍ)]

556
뜰 = _ _ _
yard [얄ㄷ]

557
또한 = _ _ _ - _ _ _
also [얼쏘우]

558
따르다 = _ _ _ _ - _ _ _
follow [팔로우]

559
들뜬 = _ _ - _ _ _ _
excited [익'싸이틷(ㄷ)]

560
뜨다 = _ _ _ - _ _
float [플로욷(ㅌ)]

561
딱 = _ _ _ _
just [쩌ㅅㅌ]

562
뚱보 = _ _ _ _ _ _ - _ _ _
fat man [퍁(ㅌ) 맨]

563
뜯다 = _ _ _ _ - _ _
pluck [플럭(ㅋ)]

564
따로 = _ _ _ _ - _ _
separately [쎄퍼뤁틀리]

553 tham   **554** thang   **555** the
556 thl   **557** tho-han   **558** tha-l-da
559 dl-thn   **560** th-da   **561** thag
562 thung-bo   **563** thd-da   **564** tha-lo

| 기본 모음 | 기본 자음 | **자음 비교** | 약모음,강모음 | 이중모음 | 묵음 | 쌍자음 |

ㄷ = th

혀를 문 뒤 목을 **울리면서 부드럽게** 소리 낸다.
[ㄸ보다는 ㄷ에 가까우므로 ㄷ로 표기. 발음 기호는 ð]

565
담 = _ _ _ _
sweat [ㅅ웰(ㅌ)]

566
당 = _ _ _ _ _
land [랜ㄷ]

567
데 = _ _ _
group [ㄱ뤂(ㅍ)]

568
들 = _ _ _
yard [얄ㄷ]

569
도한 = _ _ _ _ - _ _ _
also [얼쏘우]

570
다르다 = _ _ _ _ - _ _ - _ _ _
follow [팔로우]

571
들든 = _ _ - _ _ _
excited [익'싸이틷(ㄷ)]

572
드다 = _ _ - _ _
float [플로욷(ㅌ)]

573
닥 = _ _ _ _
just [쩌ㅅㅌ]

574
둥보 = _ _ _ _ _ _ _ - _ _ _
fat man [퍁(ㅌ) 맨]

575
듣다 = _ _ _ - _ _
pluck [플럭(ㅋ)]

576
다로 = _ _ _ - _ _ _
separately [쎄퍼뤝틀리]

565 tham   **566** thang   **567** the
568 thl   **569** tho-han **570** tha-l-da

571 dl-thn   **572** th-da   **573** thag
574 thung-bo **575** thd-da   **576** tha-lo

기본 모음　기본 자음　**자음 비교**　짧은모음, 긴모음　이중모음　묵음　쌍자음

종합문제

영어 → 한글
[알파벳과 발음기호가 비슷한 단어들만 출제했다.]

577
car = ___
[car] 자동차

578
art = ___ ___
[art] 예술

579
red = ___ (___)
[red] 붉은색(인)

580
start = ___ ___ ___
[start] 시작하다

581
trip = ___ ___(___)
[trip] 여행(하다)

582
quit = ___ ___ (___)
[kwit] 그만두다

583
them = ___
[ðem] 그들을

584
think = ___ ___
[θiŋk] 생각하다

585
truth = ___ ___ ___
[truθ] 사실

586
fix = ___ ___
[fiks] 고정시키다, 고침

587
phone = ___
[foun] 전화기

588
big = ___ (___)
[big] 큰

577 칼　578 알ㅌ　579 뤤(ㄷ)　583 뎀　584 띵ㅋ　585 트루뜨
580 ㅅ탈ㅌ　581 트륖(ㅍ)　582 쿠일(ㅌ)　586 픽ㅆ　587 폰(포운) 588 빅(ㄱ)

종합문제

영어 → 한글
[아직 배우지 않은 모음도 있어서 틀릴 수 있다.]

589
box = ___ ___
[baks] 상자

590
taxi = ___ ___
[tæksi] 택시

591
quilt = ___ ___ ___
[kwilt] 퀼트

592
both = ___ ___
[bouθ] 둘 다

593
enjoy = ___ ___
[indʒɔi] 즐기다

594
fish = ___ ___
[fiʃ] 물고기

595
chair = ___ ___
[tʃeər] 의자

596
catch = ___ ___
[kætʃ] 붙잡다

597
with = ___ ___
[wiθ] ~과 함께

598
zoo = ___
[zu] 동물원

599
family = ___ ___ ___
[fæməli] 가족

600
vest = ___ ___
[vest] 조끼

---

589 박ㅆ　　590 택씨　　591 쿠일ㅌ　　595 췌얼　　596 캩취　　597 위ㄸ
592 보(우)ㄸ　593 인죠이　594 피쉬　　598 주　　599 패밀리　600 베ㅅㅌ

약모음, 강모음

1 모음은 크게 약모음과 강모음으로 나눈다.

입에 힘을 빼고 약하게 소리 내는 발음을 약모음(lax vowel), 입에 힘을 주고 강하게 소리 내는 발음을 강모음(tense vowel)이라고 한다.

같은 발음이라도 약하고 강한 정도에 따라 여러 가지로 구분하기도 한다. 예를 들어, '어' 발음은 5가지 이상으로 구분하는데, 여기에서는 가장 대표적인 2가지 발음ə,ɔ로 구분했다.

기본 모음	기본 자음	자음 비교
아=a 22	ㄱ=g 32	ㄹ=l,r 52
에=e 23	ㄴ=n 33	ㅂ=b,v 56
이=i 24	ㄷ=d 34	ㅅ=s,sh 58
오=o 25	ㄹ=l 35	ㅈ=j,z 60
우=u 26	ㅁ=m 36	ㅊ=ch,ts 62
으=? 27	ㅂ=b 37	ㅋ=k,qu,c,x 64
ㅇ=ng 28	ㅅ=s 38	ㅍ=p,f 68
● 29	ㅈ=j 39	ㄸ=th 72
	ㅊ=ch 40	●● 74
	ㅋ=k 41	
	ㅌ=t 42	
	ㅍ=p 43	
	ㅎ=h 44	
	●●●●● 45	

2 연달아 있는 모음 중 일부는 발음되지 않는다.

ui에서 u가 사라지거나, ea에서 e나 a가 사라지는 등, 모음은 일부만 발음되거나 다른 모음으로 바뀐다. **이 단원이 어렵다면 대괄호[]에 있는 발음기호를 보고 푼다.**

단어의 끝 'e'는 발음되지 않으며, 바로 앞의 모음을 긴 모음으로 만들어 주는 경우가 많다. make: 마케X, 메이크O

받침은 중복 정답으로 한다. 예: god=갇(빠르게 발음), 가ㄷ

약모음, 강모음	이중모음	묵음	쌍자음
a=아,에이 78	**w**=우 94	**wh** 104	**ff** 112
e=에,이이 80	**y**=이 95	**gh** 104	**ll** 112
i=이,아이 82	**er**=얼 96	**ho** 105	**rr** 113
o=어,오우 84	+에얼 97	**kn** 105	**ss** 113
u=우,유 86	+이얼 97	**mb** 106	**ck** 114
●● 90	+오얼 98	**t** 106	+ 114
	+우얼 98	**l** 107	●●● 115
	+얼얼 99	+ 107	
	+얼언 99	●● 108	
		100	
		101	

※ 이번 단원부터 조금 어려워집니다.
발음 기호를 참고해서 차근차근 풀어보세요.
틀려도 개의치 마세요.

약모음

기본 모음　　기본 자음　　자음 비교　　약모음, 강모음　　이중모음　　묵음　　쌍자음

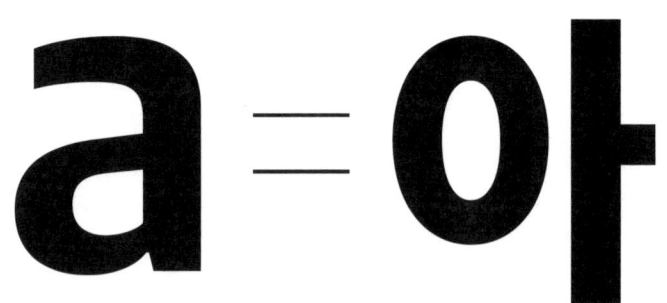

약한 a는 '아'로 소리 낸다.
[알파벳 a는 '아a'보다는 주로 '어ə' 등으로 소리 낸다]

601
art = ___ ___
[art] 예술
발음기호를 참고하세요

602
far = ___
[far] 먼

603
cop = ___ (___)
[kap] 경찰

604
god = ___ (___)
[gad] 신

605
job ___ (___)
[dʒab] 직업

606
not = ___ (___)
[nat] 아니게

607
top = ___ (___)
[tap] 꼭대기

608
mom = ___
[mam] 엄마

609
stop = ___ ___ (___)
[stap] 멈추다

610
body = ___ ___
[badi] 몸

611
drop = ___ ___ (___)
[drap] 떨어트리다

612
apart = ___ ___ ___
[əˈpart] 떨어져서

---

601 알트　**602** 팔　**603** 캎(ㅍ)
604 갇(ㄷ)　**605** 좝(ㅂ)　**606** 낱(ㅌ)
607 탚(ㅍ)　**608** 맘　**609** ㅅ탚(ㅍ)
610 바디　**611** ㄷ랖(ㅍ) **612** 어팔트

기본 모음　기본 자음　자음 비교　**약모음, 강모음**　이중모음　묵음　쌍자음

강모음

a = 에이

a e i o u

강한 a는 '에이'나 '애*'로 소리 낸다.
[발음 기호는 **ei, æ***]

613
able = ___ ___ ___
[eibl] 할 수 있는

614
d**ay** = ___ ___
[dei] 날

615
pl**ay** = ___ ___ ___
[plei] 놀다

616
m**a**ke = ___ ___ (___)
[meik] 만들다

617
c**a**se = ___ ___ ___
[keis] 경우, 통

618
g**a**me = ___ ___
[geim] 게임

619
br**ea**k = ___ ___ ___ (___)
[breik] 부수다

620
gr**ea**t = ___ ___ ___ (___)
[greit] 대단한

621
br**ai**n = ___ ___ ___
[brein] 뇌

622
ask* = ___ ___ ___
[æsk] 묻다

623
c**a**t* = ___ (___)
[cæt] 고양이

624
b**a**g* = ___ (___)
[bæg] 가방

613 에이블　614 데이　615 플레이　619 브뤠잌(ㅋ) 620 그뤠잍(ㅌ) 621 브뤠인
616 메잌(ㅋ) 617 케이쓰　618 게임　　622 애스크　623 캩(ㅌ)　624 백(ㄱ)

약모음

기본 모음 | 기본 자음 | 자음 비교 | **약모음, 강모음** | 이중모음 | 묵음 | 쌍자음

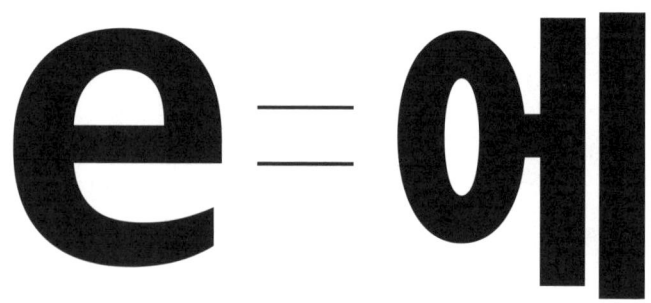

약한 e는 '에'로 소리 낸다.
[알파벳은 e, ea, ue. 발음기호는 **e**]

625
end = ___ ___
[end] 끝내다

626
else = ___ ___
[els] 그밖에

627
any = ___ ___
[eni] 어떤

628
bet = ___ (___)
[bet] 내기하다

629
set = ___ (___)
[set] 놓다

630
then = ___
[ðen] 그러고 나서

631
dead = ___ (___)
[ded] 죽은

632
ready = ___ ___
[redi] 준비된

633
death = ___ ___
[deθ] 죽음

634
threat = ___ ___ (___)
[θret] 협박

635
guess = ___ ___
[ges] 추측

636
guest = ___ ___
[gest] 손님

---

625 엔드   626 엘스   627 에니
628 벹(ㅌ) 629 쎝(ㅌ) 630 덴

631 데드   632 뤠디   633 데뜨
634 뜨뤹(ㅌ) 635 게스   636 게스트

기본 모음   기본 자음   자음 비교   **약모음, 강모음**   이중모음   묵음   쌍자음

강모음

e = 이이

a **e** i o u

강한 e는 '이이'로 소리 낸다.
[알파벳은 ea, ie, ei, ee. 발음기호는 **i:**]

637
eat = ___ ___ (___)
[i:t] 먹다

638
easy = ___ ___ ___
[i:zi] 쉬운

639
dr**ea**m = ___ ___ ___
[dri:m] 꿈

640
cl**ea**n = ___ ___ ___
[cli:n] 깨끗한

641
bel**ie**ve = ___ ___ ___
[bili:v] 믿다

642
n**ei**ther = ___ ___ ___
[ni:thər] 둘 중 하나도 아닌

643
p**ie**ce = ___ ___ ___
[pi:s] 조각

644
f**ee**l = ___ ___
[fi:l] 느끼다

645
m**ee**t = ___ ___ (___)
[mi:t] 만나다

646
sl**ee**p = ___ ___ ___ (___)
[sli:p] 자다

647
fr**ee** = ___ ___
[fri:] 자유로운

648
k**ey** = ___ ___
[ki:] 열쇠

---

637 이잍(ㅌ) **638** 이이지 **639** 드뤼임
640 클리인 **641** 빌리이브 **642** 니이덜

643 피이쓰 **644** 피일   **645** 미잍(ㅌ)
646 슬리잎(ㅍ)**647** 프리이 **648** 키이

약모음

| 기본 모음 | 기본 자음 | 자음 비교 | **약모음, 강모음** | 이중모음 | 묵음 | 쌍자음 |

i = 이

약한 i는 '이'로 소리 낸다.

649
is = ___ ___
[iz] 상태나 모습이다

발음기호를 참고하세요

650
if = ___ ___
[if] (만약) ~한다면

651
it = ___ (___)
[it] 그것

652
in = ___
[in] ~의 안에

653
even = ___ ___
[ivn] 심지어

654
enjoy = ___ ___ ___
[inˈdʒɔi] 즐기다

655
he = ___
[hi] 그는

656
me = ___
[mi] 나를

657
sit = ___ (___)
[sit] 앉다

658
build = ___ ___
[bild] 짓다

659
busy = ___ ___
[bizi] 바쁜

660
many = ___ ___
[meni] 수가 많은

| 649 이ㅈ | 650 이ㅍ | 651 잍(ㅌ) | 655 히 | 656 미 | 657 앁(ㅌ) |
| 652 인 | 653 이븐 | 654 인죠이 | 658 빌드 | 659 비지 | 660 메니 |

기본 모음　기본 자음　자음 비교　**약모음, 강모음**　이중모음　묵음　쌍자음

i = 아이

강한 i는 '아이'로 소리 낸다.
[알파벳은 i, y, ie, ye. 발음기호는 **ai**]

강모음 a e i o u

661
ice = ___ ___ ___
[ais] 얼음

662
nice = ___ ___ ___
[nais] 좋은

663
like = ___ ___ (___)
[laik] 좋아하다

664
drive = ___ ___ ___ ___
[draiv] 몰아가다

665
fine = ___ ___
[fain] 훌륭한, 벌금

666
line = ___ ___
[lain] 선

667
try = ___ ___ ___
[trai] 시도하다

668
fly = ___ ___ ___
[flai] 날다

669
lie = ___ ___
[lai] 거짓말하다

670
die = ___ ___
[dai] 죽다

671
eye = ___ ___
[ai] 눈

672
bye = ___ ___
[bai] 잘 가

---

661 아이쓰　**662** 나이쓰　**663** 라일(크)
664 드라이브 **665** 파인　**666** 라인

667 트라이　**668** 플라이　**669** 라이
670 다이　**671** 아이　**672** 바이

| 약모음 | 기본 모음 | 기본 자음 | 자음 비교 | **약모음, 강모음** | 이중모음 | 묵음 | 쌍자음 |

a e i o u

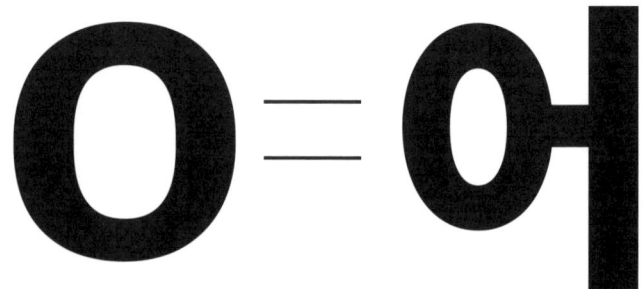

약한 o는 '어'로 소리 낸다.
[발음기호는 ʌ나 ə *영어에서 가장 많이 쓰는 모음]

발음기호를 참고하세요 [ʌs]

673
us = ___ ___
[ʌs] 우리를

674
up = ___ (___)
[ʌp] 위쪽으로

675
cut = ___ (___)
[cʌt] 자르다

676
run = ___
[rʌn] 달리다

677
love = ___ (___)
[lʌv] 사랑하다

678
come = ___
[cʌm] 오다

679
some = ___
[sʌm] 약간의

680
done = ___
[dʌn] 끝난

681
couple = ___ ___
[cʌpl] 두 사람, 둘

682
double = ___ ___
[dʌbl] 두 배

683
but* = ___ (___)
[bət] 그러나

684
second* = ___ ___ ___
[secənd] 두번째의

673 어쓰	674 엎(ㅍ)	675 컽(ㅌ)	679 썸	680 던	681 커플
676 뤈	677 럽(ㅂ)	678 컴	682 더블	683 벝(ㅌ)	684 쎄컨드

84

| 기본 모음 | 기본 자음 | 자음 비교 | **약모음, 강모음** | 이중모음 | 묵음 | 쌍자음 |

o = 오우

강한 o는 '오우'로 소리 낸다.
[사실 영어에 '오o'만은 안 쓰고 '오우ou'를 쓴다.]

685
old = ___ ___ ___
[ould] 늙은

686
rose = ___ ___ ___
[rouz] 장미

687
note = ___ ___ (___)
[nout] 메모, 공책

688
close = ___ ___ ___
[clouz] 닫다

689
boat = ___ ___ (___)
[bout] 배

690
road = ___ ___ ___
[roud] 길

691
most = ___ ___ ___
[moust] 가장 많은, 가장 많이

692
no = ___ ___
[nou] 아닌

693
also = ___ ___ ___
[ɔlsou] 또한

694
own = ___ ___
[oun] 소유하다

695
throw = ___ ___ ___
[θrou] 던지다

696
window = ___ ___ ___
[windou] 창문

---

685 오울ㄷ 686 로우ㅈ 687 노울(ㅌ)
688 클로우ㅈ 689 보울(ㅌ) 690 로우ㄷ

691 모우ㅅㅌ 692 노우 693 얼쏘우
694 오운   695 뜨로우 696 윈도우

약모음

기본 모음 기본 자음 자음 비교 **약모음, 강모음** 이중모음 묵음 쌍자음

o = 어

입을 **조금 벌리고** '어'를 소리 낸다.
[모음이 약해지면 이 소리가 된다. 발음기호는 ə나 ʌ]

697
again = ___ ___ ___
[əˈgein] 다시 ← 발음기호를 참고하세요

698
alive = ___ ___ ___ ___
[əˈlaiv] 살아있는

699
s**o**n = ___
[sʌn] 아들

700
n**o**ne = ___
[nʌn] 아무도 ~하지 않다

701
l**o**ve = ___ (___)
[lʌv] 사랑(하다)

702
m**o**ney = ___ ___
[mʌni] 돈

703
h**o**ney = ___ ___
[hʌni] 꿀

704
fr**o**m = ___ ___
[frʌm] ~으로부터

705
b**u**s = ___ ___
[bʌs] 버스

706
l**u**nch = ___ ___
[lʌntʃ] 점심식사

707
j**u**mp = ___ ___
[jʌmp] 펄쩍 뛰다

708
th**e** = ___
[ðə] 그 (서로 아는 것을 가리킬 때)

697 어게인 698 얼라이브 699 썬 703 허니 704 프럼 705 버쓰
700 넌 701 럽(ㅂ) 702 머니 706 런취 707 점프 708 더

기본 모음　기본 자음　자음 비교　**약모음, 강모음**　이중모음　묵음　쌍자음　**강모음**

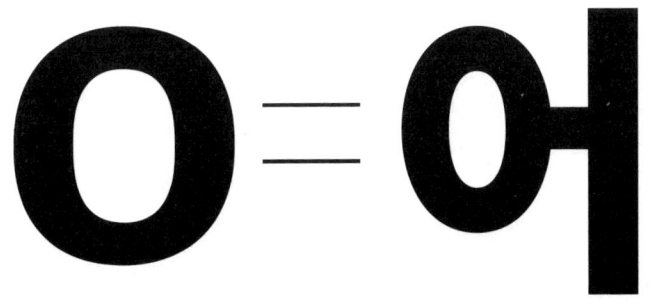

입을 **크게 벌리고** '어'를 소리 낸다.
[발음기호는 ɔ, **약하게 소리 낼 땐 '오'**로 소리 낸다(p.100).]

a e i o u

709
all = ___
[ɔl] 모든 (것)

710
ball = ___
[bɔl] 공

711
awful = ___ ___
[ɔful] 끔찍한

712
law = ___
[lɔ] 법

713
saw = ___
[sɔ] 봤다, 톱

714
dog = ___ (___)
[dɔg] 개

715
long = ___
[lɔŋ] 긴

716
fault = ___ ___
[fɔlt] 잘못

717
because = ___ ___ ___
[biˈkɔz] ~하기 때문에

718
enough = ___ ___ (___)
[iˈnɔf] 충분한, 충분히

719
salt = ___ ___
[sɔlt] 소금

720
boss = ___ ___
[bɔs] 상관

709 얼　**710** 벌　**711** 어풀
712 러　**713** 써　**714** 덕(ㄱ)
715 렁　**716** 펄트　**717** 비커즈
718 이넢(ㅍ)　**719** 썰트　**720** 버쓰

약모음 | 기본 모음　기본 자음　자음 비교　**약모음, 강모음**　이중모음　묵음　쌍자음

a e i o **u**

u = 우

u를 약하게 소리 낼 때는 '우'로 소리 낸다.
['우'일 때도 주로 길게 소리 낸다.]

721
p**u**t = ___ (___)
[put] 놓다

722
m**o**ve = ___ ___
[muv] 움직이다

723
l**o**se = ___ ___
[luz] 잃어버리다, 지다

724
pr**o**ve = ___ ___ ___
[pruv] 증명하다

725
f**oo**d = ___ ___
[fud] 음식

726
r**oo**m = ___
[rum] 방, 공간

727
n**ew**s = ___ ___
[nuz] 뉴스

728
scr**ew** = ___ ___ ___
[scru] 나사

729
bl**ue** = ___ ___
[blu] 푸른색

730
tr**ue** = ___ ___
[tru] 사실인

731
tw**o** = ___
[tu:] 둘

732
t**o** = ___
[tu] ~으로, ~에게

721 풑(ㅌ)　722 무브　723 루즈　727 누즈　728 ㅅ크루　729 블루
724 프루브　725 푸ㄷ　726 룸　730 트루　731 투:　732 투

| 기본 모음 | 기본 자음 | 자음 비교 | **약모음, 강모음** | 이중모음 | 묵음 | 쌍자음 |

강모음 a e i o u

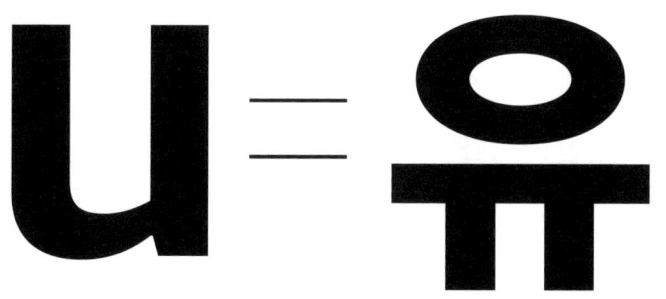

u를 강하게 소리 낼 때는 '유'로 소리 낸다.
[발음기호는 ju, p.95 참고]

733
y**ou** = ___
[ju] 너는, 너를

734
use = ___ ___
[juz] 사용하다

735
c**u**te = ___ (___)
[cjut] 귀여운

736
h**u**ge = ___ ___
[hjudʒ] 거대한

737
exc**u**se = ___ ___ ___ ___
[ikˈscjuz] 변명, 봐주다

738
f**ew** = ___
[fju] 2~3개인

739
f**u**ture = ___ ___
[fjutʃɔr] 미래

740
m**u**sic = ___ ___ (___)
[mjuzik] 음악

741
h**u**man = ___ ___
[hjumən] 인간

742
y**ou**th = ___ ___
[juθ] 젊음, 청년

743
uniform = ___ ___ ___
[junifɔrm] 제복, 교복

744
m**u**seum = ___ ___ ___
[mjuˈziɔm] 미술관, 박물관

---

733 유   **734** 유ㅈ   **735** 큩(ㅌ)   **739** 퓨쳘   **740** 뮤직(ㅋ) **741** 휴먼
736 휴쥐   **737** 잌ㅆ큐ㅈ **738** 퓨   **742** 유ㄸ   **743** 유니폼   **744** 뮤지엄

기본 모음 기본 자음 자음 비교 **약모음, 강모음** 이중모음 묵음 쌍자음

종합문제

영어 → 한글

발음기호를 참고하세요

745
far = ___
[fɑr] 먼

746
make = ___ ___ (___)
[meik] 만들다

747
cat = ___ (___)
[cæt] 고양이

748
set = ___ (___)
[set] 놓다

749
dream = ___ ___ ___
[dri:m] 꿈

750
believe = ___ ___ ___
[biˈli:v] 믿다

751
sleep = ___ ___ ___ (___)
[sli:p] 자다

752
in = ___
[in] ~의 안에

753
ice = ___ ___ ___
[ais] 얼음

754
love = ___ (___)
[lʌv] 사랑하다

755
no = ___ ___
[nou] 아닌

756
rose = ___ ___ ___
[rouz] 장미

745 팔   746 메일(ㅋ) 747 캩(ㅌ)   751 슬리잎(ㅍ) 752 인   753 아이ㅆ
748 쎝(ㅌ) 749 드뤼임   750 빌리이브   754 럽(ㅂ)   755 노우   756 로우ㅈ

| 기본 모음 | 기본 자음 | 자음 비교 | **약모음, 강모음** | 이중모음 | 묵음 | 쌍자음 |

종합문제

영어 → 한글

757
from = ___ ___
[frʌm] ~으로부터

758
dog = ___ (___)
[dɔg] 개

759
put = ___ (___)
[put] 놓다

760
cute = ___ (___)
[cjut] 귀여운

761
food = ___ ___
[fud] 음식

762
youth = ___ ___
[juθ] 젊음, 청년

763
lunch = ___ ___
[lʌnch] 점심식사

764
law = ___
[lɔ] 법

765
fly = ___ ___ ___
[flai] 날다

766
build = ___ ___
[bild] 짓다

767
ready = ___ ___
[redi] 준비된

768
brain = ___ ___ ___
[brein] 뇌

757 프럼　758 덕(ㄱ)　759 풑(ㅌ)　763 런취　764 러　765 플라이
760 큩(ㅌ)　761 푸ㄷ　762 유ㄸ　766 빌드　767 뤠디　768 브뤠인

이중모음

1 모음이나 자음이 연달아 소리 날 수 있다.

한국어는 모음이 연달아 소리 나거나 자음이 연달아 소리 나는 경우가 드물지만, 영어에서는 흔하다.

예를 들어, 모음은 air(에열), wife(와이프), 자음은 ask(애ㅅㅋ), world(월얼드), straight(ㅅㅌ뤠잍(ㅌ)) 등이 있다.

특히 모음+er(또는 re)로 끝나는 단어는 무수히 많다.

기본 모음	기본 자음	자음 비교
아=a 22	ㄱ=g 32	ㄹ=l,r 52
에=e 23	ㄴ=n 33	ㅂ=b,v 56
이=i 24	ㄷ=d 34	ㅅ=s,sh 58
오=o 25	ㄹ=l 35	ㅈ=j,z 60
우=u 26	ㅁ=m 36	ㅊ=ch,ts 62
으=? 27	ㅂ=n 37	ㅋ=k,q,c,x 64
ㅇ=ng 28	ㅅ=s 38	ㅍ=p,f 68
● 29	ㅈ=j 39	ㄸ=th 72
	ㅊ=ch 40	●● 74
	ㅋ=k 41	
	ㅌ=t 42	
	ㅍ=p 43	
	ㅎ=h 44	
	●●●●● 45	

2 모음이 약해지면 사라진다.

대부분의 모음이 약해지면 '어ə'로 소리 난다.
그리고 더 약해지면 모음이 사라져서 '으'로 소리 난다.
예를 들어, person은 펄'숀'이 아니라 펄'슨'이 된다. son에서 o가
약해져서 '으'로 바뀌었기 때문이다.

약모음, 강모음	이중모음	묵음	쌍자음
a=아,에이 78	w=우 94	wh 104	ff 112
e=에,이이 80	y=이 95	gh 104	ll 112
i=이,아이 82	er=얼 96	ho 105	rr 113
o=어,오우 84	+에얼 97	kn 105	ss 113
u=우,유 86	+이얼 97	mb 106	ck 114
•• 90	+오얼 98	t 106	+ 114
	+우얼 98	l 107	••• 115
	+얼얼 99	+ 107	
	+얼언 99	•• 108	
	+어이 100		
	+아우 100		
	• 101		

| 기본 모음 | 기본 자음 | 자음 비교 | 약모음,강모음 | **이중모음** | 묵음 | 쌍자음 |

w
y
er
+

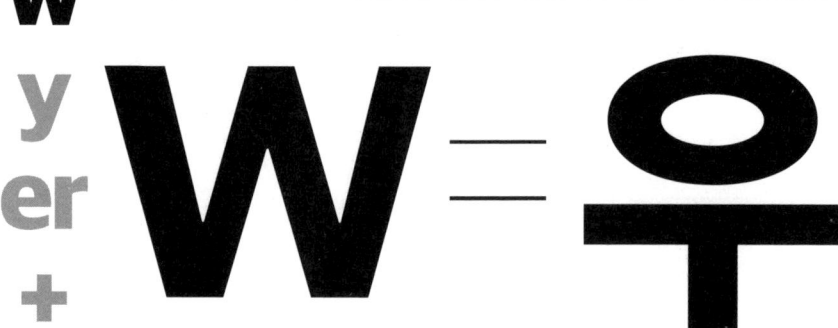

다른 모음과 함께 '와,워,위,왜'를 만든다.

769
we = ___
[wi] 우리는

발음기호를 참고하세요

770
was = ___ ___
[wəz] 상태나 모습이었다

771
want = ___ ___
[wɔnt] 원하다

772
water = ___ ___
[wɔter] 물

773
wake = ___ ___ (___)
[weik] 깨우다

774
waste = ___ ___ ___ ___
[weist] 낭비

775
wife = ___ ___ ___
[waif] 아내

776
win = ___
[win] 이기다

777
away = ___ ___ ___
[əˈwei] 멀리

778
anyway = ___ ___ ___ ___
[eniwei] 어쨌든

779
always = ___ ___ ___
[ɔlweiz] 항상

780
forward = ___ ___ ___
[fɔrwərd] 앞쪽으로

769 위 **770** 워즈 **771** 원트
772 워털 **773** 웨잌(ㅋ) **774** 웨이ㅅㅌ

775 와이프 **776** 윈 **777** 어웨이
778 에니웨이 **779** 얼웨이즈 **780** 폴/풜월드

| 기본 모음 | 기본 자음 | 자음 비교 | 약모음,강모음 | **이중모음** | 묵음 | 쌍자음 |

y = 이

w y er +

다른 모음과 함께 '야,여,요,유'를 만든다.
[발음기호는 j, 알파벳 y는 '이', '아이'로도 소리 난다 p.82]

781
you = ____
[ju] 너는, 너를

782
youth = ____ ____
[juθ] 젊음, 청년

783
young = ____
[jʌŋ] 젊은, 어린

784
yet = ____ (____)
[jet] 아직, 그러나

785
yes = ____ ____
[jes] 네

786
yawn = ____
[jɔn] 하품(하다)

787
yard = ____ ____
[jard] 들판, 뜰

788
yell = ____
[jel] 소리치다

789
yummy = ____ ____
[jʌmi] 맛있는

790
n**ew** = ____
[nju] 새로운

791
f**ew** = ____
[fju] 2~3개인

792
c**u**te = ____ (____)
[kjut] 귀여운

| 781 유 | 782 유ㄸ | 783 영 | 787 얄ㄷ | 788 옐 | 789 여미 |
| 784 옐(ㅌ) | 785 예ㅆ | 786 연 | 790 뉴 | 791 퓨 | 792 큩(ㅌ) |

er = 얼

모음+r은 주로 '얼'로 소리 낸다.
[알파벳 ar, **er**, ir, or, ur]

793
her = ___
[hər] 그녀의, 그녀를

794
ever = ___ ___
[evər] 언제나, 항상, 한번도

795
after = ___ ___ ___
[æftər] ~이후에

796
cover = ___ ___
[cʌvər] 덮다

797
water = ___ ___
[wɔtər] 물

798
person = ___ ___
[pərsn] 사람

799
dollar = ___ ___
[dalər] 달러

800
first = ___ ___ ___
[fərst] 첫번째인

801
birthday = ___ ___ ___ ___
[bərθdei] 생일

802
for = ___
[fər] ~을 위해

803
doctor = ___ ___
[dactər] 의사, 박사

804
hurt = ___ ___
[hərt] 아프다, 아픈

---

793 헐 **794** 에벌 **795** 애프털 **799** 달럴 **800** 펄스트 **801** 벌뜨데이
796 커벌 **797** 워털 **798** 펄쓴 **802** 펄(/폴) **803** 닥털 **804** 헐트

기본 모음 기본 자음 자음 비교 약모음, 강모음 **이중모음** 묵음 쌍자음

에얼 | 이얼

w
y
er
+

[알파벳 a**re**, air] [알파벳 ear, ire]

805
c**are** = ___ ___
[keər] 돌보다, 신경쓰다

806
sh**are** = ___ ___
[ʃeər] 공유하다

807
th**ere** = ___ ___
[ðeər] 거기에서

808
f**air** = ___ ___
[feər] 공정한, 박람회

809
h**air** = ___ ___
[heər] 머리카락

810
w**ear** = ___ ___
[weər] 입다

811
ear = ___ ___
[iər] 귀

812
n**ear** = ___ ___
[niər] 가까운

813
h**ear** = ___ ___
[hiər] 듣다

814
f**ire** = ___ ___ ___
[faiər] 불

815
h**ire** = ___ ___ ___
[haiər] 고용하다

816
ent**ire** = ___ ___ ___ ___
[inˈtaiər] 전체의

---

805 케얼   **806** 쉐얼   **807** 데얼
808 페얼   **809** 헤얼   **810** 웨얼

811 이얼   **812** 니얼   **813** 히얼
814 파이얼 **815** 하이얼 **816** 인타이얼

W y er +

기본모음　기본자음　자음비교　약모음,강모음　**이중모음**　묵음　쌍자음

오얼 | 우얼

'큰 어(ɔ p.87)+r'은
'어얼'이 아니라 '오얼'.
[알파벳 or]

얼의 'ㄹ'받침이
하나는 R, 하나는 L*
[알파벳 ure, ual*]

817
m**ore** = ___ ___
[mɔr] 더 많은

818
b**ore** = ___ ___
[bɔr] 지루하게 하다

819
f**our** = ___ ___
[fɔr] 넷

820
or = ___ ___
[ɔr] 또는

821
d**oor** = ___ ___
[dɔr] 문

822
fl**oor** = ___ ___ ___
[flɔr] 바닥

823
s**ure** = ___ ___
[ʃuər] 확신하는

824
plea**sure** = ___ ___ ___
[pleʒuər] 기쁨

825
y**our** = ___ ___
[yuər] 너의

826
p**oor** = ___ ___
[puər] 가난한

827
us**ual*** = ___ ___ ___
[juʒuəl] 보통의

828
act**ual*** = ___ ___ ___
[æktuəl] 실제의

---

817 모얼　**818** 보얼　**819** 포얼
820 오얼　**821** 도얼　**822** 플로얼

823 슈얼　**824** 플레쥬얼　**825** 유얼
826 푸얼　**827** 유쥬얼　**828** 액츄얼

기본 모음　기본 자음　자음 비교　약모음, 강모음　**이중모음**　묵음　쌍자음

w
y
er
+

얼얼 | 얼언

[알파벳 rl]

[알파벳 rn]
'큰 어(ɔ p.85)+rn'*은
'얼언'이 아니라 '올온'.

829
g**irl** = ___ ___
[gərl] 소녀

830
w**orl**d = ___ ___ ___
[wərld] 세계

831
c**url** = ___ ___
[cərl] 곱슬머리

832
p**earl** = ___ ___
[pərl] 진주

833
early = ___ ___ ___
[ərli] 이르게

834
y**earl**y = _____(___)___
[jiərli] 매년의

835
earn = ___ ___
[ərn] (돈을) 벌다

836
t**urn** = ___ ___
[tərn] 돌다, 변하다

837
b**urn** = ___ ___
[bərn] 불태우다

838
b**orn*** = ___ ___
[bɔrn] 태어나진

839
m**orn**ing* = ___ ___ ___
[mɔrniŋ] 아침

840
conc**ern** = ___ ___ ___
[kənˈsərn] 염려하다

---

829 걸얼　830 월얼드　831 컬얼
832 펄얼　833 얼얼리　834 이열(얼)리

835 얼언　836 털언　837 벌언
838 볼온　839 몰온닝　840 컨썰언

기본 모음　기본 자음　자음 비교　약모음, 강모음　**이중모음**　묵음　쌍자음

W y er + 오이 | 아우

'큰 어(ɔ p.87)+i'은 '어이'이 아니라 '오이'.
[알파벳 oi, oy]

[알파벳 ou, ow]

841
oil = ___ ___
[ɔil] 기름

842
j**oi**n = ___ ___
[dʒɔin] 가입하다, 연결하다

843
ch**oi**ce = ___ ___ ___
[tʃɔis] 선택

844
v**oi**ce = ___ ___ ___
[vɔis] 목소리

845
b**oy** = ___ ___
[bɔi] 소년

846
enj**oy** = ___ ___ ___
[inˈdʒɔi] 즐기다

847
out = ___ ___ (___)
[aut] 밖에서

848
h**ou**se = ___ ___ ___
[haus] 집

849
our = ___ ___
[auər] 우리의

850
n**ow** = ___ ___
[nau] 지금

851
d**ow**n = ___ ___
[daun] 아래쪽으로

852
p**ow**er = ___ ___
[pauər] 힘

---

841 오일　842 죠인　843 쵸이ㅆ
844 보이ㅆ　845 보이　846 인죠이

847 아웉(ㅌ)　848 하우ㅆ　849 아월
850 나우　851 다운　852 파월

기본 모음　기본 자음　자음 비교　약모음, 강모음　**이중모음**　묵음　쌍자음

종합문제

영어 → 한글

853
win = ___
[win] 이기다

854
yes = ___ ___
[jes] 네

855
co**ver** = ___ ___
[cʌvər] 덮다

856
h**air** = ___ ___
[heər] 머리카락

857
h**ear** = ___ ___
[hiər] 듣다

858
m**ore** = ___ ___
[mɔr] 더 많은

859
s**ure** = ___ ___
[ʃuər] 확신하는

860
g**irl** = ___ ___
[gərl] 소녀

861
b**urn** = ___ ___
[bərn] 불태우다

862
b**orn** = ___ ___
[bɔrn] 태어나진

863
b**oy** = ___ ___
[bɔi] 소년

864
n**ow** = ___ ___
[nau] 지금

853 윈　854 예쓰　855 커벌
856 헤얼　857 히얼　858 모얼
859 슈얼　860 걸얼　861 벌언
862 볼온　863 보이　864 나우

묵음

1 충돌되는 자음은 사라지는 경우가 많다.

비슷한 곳에서 소리 나는 자음이 연달아 소리 나는 경우, 둘 중에 하나가 사라지는 경우가 많다.

예를 들어, comb에서 m과 b는 둘 다 입술에서 소리 나므로 b가 사라져서 m만 소리 난다(코움).

기본 모음

- 아=a 22
- 에=e 23
- 이=i 24
- 오=o 25
- 우=u 26
- 으=? 27
- ㅇ=ng 28
- ● 29

기본 자음

- ㄱ=g 32
- ㄴ=n 33
- ㄷ=d 34
- ㄹ=l 35
- ㅁ=m 36
- ㅂ=b 37
- ㅅ=s 38
- ㅈ=j 39
- ㅊ=ch 40
- ㅋ=k 41
- ㅌ=t 42
- ㅍ=p 43
- ㅎ=h 44
- ●●●●● 45

자음 비교

- ㄹ=l, r 52
- ㅂ=b, v 56
- ㅅ=s, sh 58
- ㅈ=j, z 60
- ㅊ=ch, ts 62
- ㅋ=k, qu, c, x 64
- ㅍ=p, f 68
- ㄸ=th 72
- ●● 74

2 소리가 사라지면서 모음을 긴 모음(p.76)으로 만든다.

자음이 사라지면 앞의 모음을 길게 소리 나게 하는 경우가 많다. 예를 들어, comb에서 b가 없어진 대신 o를 길게 소리 나게 해서 '어'로 소리 내지 않고 '오우'로 소리 낸다.

약모음, 강모음	이중모음	묵음	쌍자음
a=아,에이 78	w=우 94	wh 104	ff 112
e=에,에이 80	y=이 95	gh 104	ll 112
i=이,아이 82	er=얼 96	ho 105	rr 113
o=어,오우 84	+예얼 97	kn 105	ss 113
u=우,유 86	+이얼 97	mb 106	ck 114
●● 90	+오얼 98	t 106	+ 114
	+우얼 98	l 107	●●● 115
	+얼얼 99	+ 107	
	+얼언 99	●● 108	
	+오이 100		
	+아우 100		
	● 101		

wh

gh

ho

kn

mb

t

l

+

기본 모음 　 기본 자음 　 자음 비교 　 약모음,강모음 　 이중모음 　 **묵음** 　 쌍자음

wh

h가 사라진다.

gh

(g)h가 사라지거나, f로 소리 난다(p.71)

865
what = ___ (___)
[wat] 무엇

866
when = ___
[wen] ~할 때, 언제

867
where = ___ ___
[weər] 어디서

868
which = ___ ___
[witʃ] 어떤 것

869
why= ___ ___
[wai] 왜

870
white = ___ ___ (___)
[wait] 흰색

871
high = ___ ___
[hai] 높은, 높게

872
night = ___ ___ (___)
[nait] 밤

873
right = ___ ___ (___)
[rait] 옳은

874
daughter = ___ ___
[dɔtər] 딸

875
tough = ___ ___
[tʌf] 억센

876
ghost = ___ ___ ___
[goust] 유령

---

865 왙ㅌ　866 웬　867 웨얼
868 위취　869 와이　870 와잍(ㅌ)

871 하이　872 나잍(ㅌ)　873 롸잍(ㅌ)
874 더털　875 터프　876 고우ㅅ트

기본 모음　기본 자음　자음 비교　약모음, 강모음　이중모음　**묵음**　쌍자음

ho

ho로 시작하면
가끔 h가 사라진다.

kn

kn으로 시작하면
항상 k가 사라진다.

wh
gh
ho
kn
mb
t
l
+

877
hour = ___ ___
[auər] 시간

878
honor = ___ ___
[anər] 명예

879
honest = ___ ___ ___ ___
[anist] 정직한

880
herb = ___ ___
[ərb] 약초, 허브

881
heir = ___ ___
[eər] 상속자

882
honorable = ___ ___ ___ ___
[anərəbl] 명예로운

883
know = ___ ___
[nou] 알다

884
knock = ___ (___)
[nak] 노크하다

885
knight = ___ ___ (___)
[nait] 기사

886
knee = ___ ___
[ni:] 무릎

887
knit = ___ (___)
[nit] 뜨개질한 옷

888
knob = ___ (___)
[nab] 둥근 손잡이

| 877 아월 | 878 어널 | 879 아니스트 |
| 880 얼브 | 881 에얼 | 882 어너러블 |

| 883 노우 | 884 낙(크) | 885 나잍(ㅌ) |
| 886 니이 | 887 닡(ㅌ) | 888 납(ㅂ) |

2시간에 끝내는 한글영어 발음천사

105

기본 모음 | 기본 자음 | 자음 비교 | 약모음, 강모음 | 이중모음 | **묵음** | 쌍자음

wh
gh
ho
kn
mb
t
l
+

mb

mb로 단어가 끝나면 b가 사라진다.

889
comb = ___ ___
[koum] 빗

890
tomb = ___
[tum] 무덤

891
bomb = ___
[bam] 폭탄

892
lamb = ___
[læm] 양고기

893
climb = ___ ___ ___
[claim] 오르다

894
womb = ___
[wum] 자궁

889 코움   890 툼   891 밤
892 램   893 클라임   894 움

t

t가 약해지면, l(ㄹ)이나 d(ㄷ)로 소리 나거나 사라진다*.

895
city = ___ ___
[citi] 도시

896
pretty = ___ ___ ___
[priti] 예쁜

897
water = ___ ___
[wɔtər] 물

898
castle* = ___ ___
[cæsl] 성

899
listen* = ___ ___
[lisn] 듣다

900
exactly* = ___ ___ ___ ___
[egˈzakli] 정확하게

895 씨리   896 프뤼리   897 워럴
898 캐쓸   899 리쓴   900 이ㄱ잭클리

| 기본 모음 | 기본 자음 | 자음 비교 | 약모음, 강모음 | 이중모음 | **묵음** | 쌍자음 |

wh
gh
ho
kn
mb
t
l
+

l
l 바로 뒤에 자음이
나오면 가끔 사라진다.

+
두 자음을 모두
소리 내기 불편하면
앞의 자음이 사라진다.

901
walk = ___ (___)
[wɔk] 걷다

902
talk = ___ (___)
[tɔk] 말하다

903
calm = ___
[kam] 침착한

904
balm = ___
[bam] 연고

905
could = ___ (___)
[kud] ~할 수도 있다

906
would = ___ (___)
[wud] ~하려고 한다

907
sign = ___ ___
[sain] 간판, 기호

908
island = ___ ___ ___ ___
[ailənd] 섬

909
clothes = ___ ___ ___ ___
[clouz] 옷

910
receipt = ___ ___ ___ (___)
[ri'si:t] 영수증

911
doubt = ___ ___ (___)
[daut] 의심하다

912
wrong = ___
[rɔn] 틀린

---

901 월(ㅋ) **902** 턱(ㅋ) **903** 캄
904 밤 **905** 쿧(ㄷ) **906** 욷(ㄷ)

907 싸인 **908** 아일런ㄷ **909** 클로우즈
910 러씨읕(ㅌ) **911** 다웉(ㅌ) **912** 뤙

종합문제

영어 → 한글

913
what = ___ (___)
[wat] 무엇

914
when = ___
[wen] ~할 때, 언제

915
night = ___ ___ (___)
[nait] 밤

916
right = ___ ___ (___)
[rait] 옳은

917
honor = ___ ___
[anər] 명예

918
honest = ___ ___ ___
[anist] 정직한

919
know = ___ ___
[nou] 알다

920
knock = ___ (___)
[nak] 노크하다

921
comb = ___ ___
[koum] 빗

922
tomb = ___
[tum] 무덤

923
pretty = ___ ___ ___
[priti] 예쁜

924
water = ___ ___
[wɔtər] 물

---

913 왓(ㅌ) **914** 웬 **915** 나잍(ㅌ) **919** 노우 **920** 낙(ㅋ) **921** 코움
916 롸잍(ㅌ) **917** 아널 **918** 아니ㅅㅌ **922** 툼 **923** 프뤼리 **924** 워럴

기본 모음　기본 자음　자음 비교　짧은모음, 긴모음　이중모음　**묵음**　쌍자음

종합문제

영어 → 한글

925
talk = ___ (___)
[tɔk] 말하다

926
calm = ___
[kam] 침착한

927
white = ___ ___ (___)
[wait] 흰색

928
tough = ___ ___
[tʌf] 억센

929
ghost = ___ ___ ___ ___
[goust] 유령

930
hour = ___ ___
[auər] 시간

931
knee = ___ ___
[ni:] 무릎

932
climb = ___ ___ ___
[claim] 오르다

933
listen = ___ ___
[lisn] 듣다

934
could = ___ (___)
[kud] ~할 수도 있다

935
doubt = ___ ___ (___)
[daut] 의심하다

936
walk = ___ (___)
[wɔk] 걷다

925 턱(ㅋ)　926 캄　927 와일(ㅌ)　931 니이　932 클라임　933 리쓴
928 터ㅍ　929 고우ㅅㅌ　930 아월　934 쿧(ㄷ)　935 다웉(ㅌ)936 웤(ㅋ)

쌍자음

1 같은 소리의 자음 두 개 중 하나만 소리난다.
같은 소리의 자음이 2개가 있으면 둘 중 하나만 소리 나는 경우가 많다. 예를 들어 summer의 발음은 '썸멀'이 아니라 '써멀'이 맞다.

기본 모음

아=a 22
에=e 23
이=i 24
오=o 25
우=u 26
으=? 27
ㅇ=ng 28
● 29

기본 자음

ㄱ=g 32
ㄴ=n 33
ㄷ=d 34
ㄹ=l 35
ㅁ=m 36
ㅂ=b 37
ㅅ=s 38
ㅈ=j 39
ㅊ=ch 40
ㅋ=k 41
ㅌ=t 42
ㅍ=p 43
ㅎ=h 44
●●●●●● 45

자음 비교

ㄹ=l,r 52
ㅂ=b,v 56
ㅅ=s,sh 58
ㅈ=j,z 60
ㅊ=ch,ts 62
ㅋ=k,qu,c,x 64
ㅍ=p,f 68
ㄸ=th 72
●● 74

2 강세

보통 단어의 앞부분에 한 개의 강세(')가 붙는 경우가 많지만, 단어가 길어지면 중간이나 뒷부분에 강세가 붙기도 한다. 강세가 붙은 부분은 '세게'라기 보다는 '길게' 소리 낸다. a'rrest의 경우, rre에 강세가 있으므로 a는 짧고 약하게, rre은 길게 세게 소리 낸다. 이 책을 반복해서 공부할 때, 강세기호(')도 신경 써서 공부하는 게 좋다.

약모음, 강모음
- a=아,에이 78
- e=에,이이 80
- i=이,아이 82
- o=어,오우 84
- u=우,유 86
- ●● 90

이중모음
- w=우 94
- y=이 95
- er=얼 96
- +에얼 97
- +이얼 97
- +오얼 98
- +우얼 98
- +얼얼 99
- +얼언 99
- +오이 100
- +아우 100
- ● 101

묵음
- wh 104
- gh 104
- ho 105
- kn 105
- mb 106
- t 106
- l 107
- + 107
- ●● 108

쌍자음
- ff 112
- ll 112
- rr 113
- ss 113
- ck 114
- + 114
- ●●● 115

ff ll rr ss ck +

기본모음　기본 자음　자음 비교　약모음,강모음　이중모음　묵음　**쌍자음**

f 한 개만 소리 낸다. | l 한 개만 소리 낸다.

937
o**ff**ice = ___ ___ ___
[ɔfis] 사무실

938
o**ff**er = ___ ___
[ɔfər] 제공하다

939
di**ff**erent = ___ ___ ___
[difərənt] 다른

940
di**ff**icult = ___ ___ ___
[difikɔlt] 어려운

941
co**ff**ee = ___ ___
[kɔfi] 커피

942
stu**ff** = ___ ___ ___
[stʌf] 물건

937 어피쓰　938 어펄　939 디퍼런트
940 디피컬트　941 커피　942 스터프

943
te**ll** = ___
[tel] 이야기하다

944
wi**ll** = ___
[wil] ~할 것이다

945
fa**ll** = ___
[fɔl] 떨어지다

946
sma**ll** = ___ ___
[smɔl] 작은

947
rea**ll**y = ___ ___ ___
[riəli] 진짜로

948
co**ll**ege = ___ ___ ___
[calidʒ] 대학교

943 텔　944 월　945 펄
946 스멀　947 뤼얼리　948 컬리쥐

| 기본 모음 | 기본 자음 | 자음 비교 | 약모음,강모음 | 이중모음 | 묵음 | **쌍자음** |

rr

r 한 개만 소리 낸다.

ss

s 한 개만 소리 낸다.

ff
ll
rr
ss
ck
+

949
sorry = ___ ___
[sɔri] 미안한

950
hurry = ___ ___
[həri] 서두르다

951
worry = ___ ___
[wəri] 걱정하다

952
marry = ___ ___
[mæri] 결혼하다

953
arrest = ___ ___ ___
[əˈrest] 체포하다

954
terrible = ___ ___ ___
[terəbl] 끔찍한

955
pass = ___ ___
[pæs] 통과하다

956
kiss = ___ ___
[kis] 입맞추다

957
miss = ___ ___
[mis] 그리워하다, 놓치다

958
guess = ___ ___
[ges] 추측하다

959
issue = ___ ___
[iʃu] 쟁점

960
possible = ___ ___ ___
[pasəbl] 가능한

949 쌔뤼   950 허뤼   951 워뤼
952 매뤼   953 어뤠ㅅㅌ 954 테뤄블

955 패쓰   956 키쓰   957 미쓰
958 게쓰   959 이슈   960 파써블

기본모음　기본자음　자음비교　약모음,강모음　이중모음　묵음　**쌍자음**

ff
ll
rr
ss
ck
+

ck

k 한 개만 소리 낸다.

자음 한개만 소리 낸다.

961
si**ck** = ___ (___)
[sik] 아픈

962
ki**ck** = ___ (___)
[kik] 차다

963
ro**ck** = ___ (___)
[rak] 바위

964
ba**ck** = ___ (___)
[bæk] 뒤로, 등

965
kno**ck** = ___ (___)
[nak] 두드리다, 노크하다

966
lu**ck**y = ___ ___
[lʌki] 운좋은

967
fu**nn**y = ___ ___
[fʌni] 웃기는

968
di**nn**er = ___ ___
[dinər] 저녁식사

969
su**mm**er = ___ ___
[sʌmər] 여름

970
mi**dd**le = ___ ___
[midl] 중간

971
ha**pp**y = ___ ___
[hæpi] 행복한

972
le**tt**er = ___ ___
[letər] 편지

---

961 씩(ㅋ)　**962** 킥(ㅋ)　**963** 락(ㅋ)
964 백(ㅋ)　**965** 낙(ㅋ)　**966** 럭키

967 퍼니　**968** 디널　**969** 써멀
970 미들　**971** 해피　**972** 레럴

기본 모음   기본 자음   자음 비교   짧은모음, 긴모음   이중모음   묵음   쌍자음

종합문제

한글 → 영어
[책 전체에서 골고루 출제했다.]

973
가다 = __ __ - __ __
go [고우]

974
나이 = __ __ - __
age [에이쥐]

975
알다 = __ __ - __ __
know [노우]

976
목록 = __ __ __ - __ __ __
list [리ㅅ트]

977
가방 = __ __ - __ __ __
bag [백(ㄱ)]

978
식사 = __ __ __ - __ __
meal [미일]

979
지금 = __ __ - __ __
now [나우]

980
친구 = __ __ __ __ - __ __
friend [프렌드]

981
크기 = __ - __ __
size [싸이ㅈ]

982
통제 = __ __ __ - __ __
control [컨트롤]

983
품질 = __ __ __ - __ __ __
quality [쿠얼러리]

984
하늘 = __ __ - __ __
sky [ㅅ카이]

973 ga-da   974 na-i   975 al-da
976 mog-log 977 ga-bang 978 sig-sa
979 ji-gm   980 chin-gu   981 k-gi
982 tong-je   983 pum-jil   984 ha-nl

기본 모음　기본 자음　자음 비교　짧은모음, 긴모음　이중모음　묵음　쌍자음

종합문제

영어 → 한글
[책 전체에서 골고루 출제했다.]

985
stop = ___ ___ (___)
[stap] 멈추다

986
game = ___ ___
[geim] 게임

987
ready = ___ ___
[redi] 준비된

988
free = ___ ___ ___
[fri:] 자유로운

989
me = ___
[mi] 나를

990
drive = ___ ___ ___ ___
[draiv] 몰아가다

991
couple = ___ ___
[cʌpl] 두 사람, 둘

992
close = ___ ___ ___ ___
[clouz] 닫다

993
long = ___
[lɔŋ] 긴

994
true = ___ ___
[tru] 사실인

995
music = ___ ___ (___)
[mjuzik] 음악

996
want = ___ ___
[wɔnt] 원하다

---

985 ㅅ탑(ㅍ) 986 게임　987 뤠디　991 커플　992 클로우ㅈ 993 렁
988 프리이　989 미　990 드롸이브　994 트루　995 뮤직(ㅋ) 996 원ㅌ

종합문제

영어 → 한글
[책 전체에서 골고루 출제했다.]

997
young = ____
[jʌŋ] 젊은, 어린

998
first = ____ ____ ____
[fərst] 첫번째인

999
fire = ____ ____ ____
[faiər] 불

1000
choice = ____ ____ ____
[tʃɔis] 선택

1001
herb = ____ ____
[ɔrb] 약초, 허브

1002
bomb = ____
[bam] 폭탄

1003
small = ____ ____
[smɔl] 작은

1004
worry = ____ ____
[wəri] 걱정하다

한글영어 발음천사를 모두 익히신 것을
축하드립니다!

8문장으로 끝내는 유럽여행 영어회화 p.156
8시간에 끝내는 기초영어 미드천사 p.157에서 다시 뵙겠습니다. 고맙습니다!

Mike Hwang

---

997 영   998 펄ㅅ트   999 파이얼
1000 쵸이ㅆ 1001 얼ㅂ   1002 밤
1003 ㅅ멀   1004 워뤼

부록

영어로 한글 쓰기
자음 120
모음 120
설명 120
전체 글자 121

찾아보기
자음의 발음위치 124
모음의 발음위치 125
알파벳으로 찾아보기 126

영어 공부법 MBTI 발췌

나만 영어를 못했던 축복 133
다른 사람의 영어 공부법이 139
나에게는 안 맞는 이유
집에서 영어 가르치는 법 147
발음천사와 함께 보면 좋은 책 153
발음천사 원어민 MP3, 강의 듣는 법 159

영어로 한글 쓰기

자음	모음	설명
ㄱ g	아 a	대부분의 발음은 이 책에서 익힌 것과 동일하지만, ***표시**는 이 책에서 다루지 않은 것이다.
ㄲ *kk	애 ae	
ㄴ n	야 ya	
ㄷ d	어 *eo	**쌍자음**(ㄲ,ㄸ,ㅆ,ㅉ)은 같은 알파벳 2개로 표현한다.
ㄸ *tt	에 e	
ㄹ r	여 *yeo	
ㅁ m	예 ye	모든 모음 알파벳이 '**어**'로 발음될 수 있지만, 그나마 가까운 알파벳 o를 넣어 eo로 '어'를 표기한다.
ㅂ b	오 o	
ㅅ s	와 wa	
ㅆ *ss	왜 wae	
ㅈ j	외 *oe	
ㅉ *jj	요 yo	영어에 '**으**'는 없지만 '으'로 시작하는 단어를 위해 eu로 표기한다.
ㅊ ch	우 u	
ㅋ k	워 wo	이중 모음 '**의**'는 ui로, '**외**'는 oe로 표기한다.
ㅌ t	위 wi	
ㅍ p	유 yu	ㄷ,ㅅ,ㅆ,ㅈ,ㅊ,ㅌ,ㅎ를 **받침으로 쓸 때**는 같은 소리이므로 모두 알파벳 t를 쓴다.
ㅎ h	으 *eu	
	의 *ui	
	이 i	

전체 글자

ㄱ

가	ga	괴	goe		
각	gak	굉	goeng		
간	gan	교	gyo		
갈	gal	구	gu		
감	gam	국	guk		
갑	gap	군	gun		
갓	gat	굴	gul		
강	gang	굿	gut		
개	gae	궁	gung		
객	gaek	권	gwon		
거	geo	궐	gwol		
건	geon	귀	gwi		
걸	geol	규	gyu		
검	geom	균	gyun		
겁	geop	귤	gyul		
게	ge	그	geu		
겨	gyeo	극	geuk		
격	gyeok	근	geun		
견	gyeon	글	geul		
결	gyeol	금	geum		
겸	gyeom	급	geup		
겹	gyeop	긍	geung		
경	gyeong	기	gi		
계	gye	긴	gin		
고	go	길	gil		
곡	gok	김	gim		
곤	gon	까	kka		
골	gol	깨	kkae		
곳	got	꼬	kko		
공	gong	꼭	kkok		
곶	got	꽃	kkot		
과	gwa	꾀	kkoe		
곽	gwak	꾸	kku		
관	gwan	꿈	kkum		
괄	gwal	끝	kkeut		
광	gwang	끼	kki		
괘	gwae				

ㄴ

나	na
낙	nak
난	nan
날	nal
남	nam
납	nap
낭	nang
내	nae
냉	naeng
너	neo
널	neol
네	ne
녀	nyeo
녁	nyeok
년	nyeon
념	nyeom
녕	nyeong
노	no
녹	nok
논	non
놀	nol
농	nong
놰	nwae
뇌	noe
누	nu
눈	nun
눌	nul
느	neu
늑	neuk
늠	neum
능	neung
늬	nui
니	ni
닉	nik
닌	nin
닐	nil
님	nim

ㄷ

다	da
단	dan
달	dal
담	dam
답	dap
당	dang
대	dae
댁	daek
더	deo
덕	deok
도	do
독	dok
돈	don
돌	dol
동	dong
돼	dwae
되	doe
두	du
둑	duk
둔	gun
뒤	dwi
드	deu
득	deuk
들	deul
등	deung
디	di
따	tta
땅	ttang
때	ttae
또	tto
뚜	ttu
뚝	ttuk
뜨	tteu
띠	tti

ㄹ

라	ra
락	rak
란	ran
람	ram
랑	rang
래	rae
랭	raeng
량	ryang
렁	reong
레	re
려	ryeo
력	ryeok
련	ryeon
렬	ryeol
렴	ryeom
렵	ryeop
령	ryeong
례	rye
로	ro
록	rok
론	ron
롱	rong
뢰	roe
료	ryo
룡	ryong
루	ru
류	ryu
륙	ryuk
륜	ryun
률	ryul
륭	ryung
르	reu
륵	reuk
른	reun
름	reum
릉	reung
리	ri

영어로 한글쓰기

린 rin	반 ban	산 san	십 sip	온 on
림 rim	발 bal	살 sal	싱 sing	올 ol
립 rip	밥 bap	삼 sam	싸 ssa	옴 om
	방 bang	삽 sap	쌍 ssang	옹 ong
ㅁ	배 bae	상 sang	쌔 ssae	와 wa
	백 baek	샅 sat	쏘 sso	완 wan
마 ma	뱀 baem	새 sae	쑥 ssuk	왈 wal
막 mak	버 beo	색 saek	씨 ssi	왕 wang
만 man	번 beon	생 saeng		왜 wae
말 mal	벌 beol	서 seo	**ㅇ**	외 oe
망 mang	범 beom	석 seok		왼 oen
매 mae	법 beop	선 seon	아 a	요 yo
맥 maek	벼 byeo	설 seol	악 ak	욕 yok
맨 maen	벽 byeok	섬 seom	안 an	용 yong
맹 maeng	변 byeon	섭 seop	알 al	우 u
머 meo	별 byeol	성 seong	암 am	욱 uk
먹 meok	병 byeong	세 se	압 ap	운 un
메 me	보 bo	셔 syeo	앙 ang	울 ul
며 myeo	복 bok	소 so	앞 ap	움 um
멱 myeok	본 bon	속 sok	애 ae	웅 ung
면 myeon	봉 bong	손 son	액 aek	워 wo
멸 myeol	부 bu	솔 sol	앵 aeng	원 won
명 myeong	북 buk	솟 sot	야 ya	월 wol
모 mo	분 bun	송 song	얀 yan	위 wi
목 mok	불 bul	쇄 swae	약 yak	유 yu
몰 mol	붕 bung	쇠 soe	양 yang	육 yuk
못 mot	비 bi	수 su	어 eo	윤 yun
몽 mong	빈 bin	숙 suk	억 eok	율 yul
뫼 moe	빌 bil	순 sun	언 eon	융 yung
묘 myo	빔 bim	술 sul	얼 eol	윷 yut
무 mu	빙 bing	숨 sum	엄 eom	으 eu
묵 muk	빠 ppa	숭 sung	업 eop	은 eun
문 mun	빼 ppae	쉬 swi	에 e	을 eul
물 mul	뼈 ppeo	스 seu	여 yeo	음 eum
므 meu	뽀 ppo	슬 seul	역 yeok	읍 eup
미 mi	뿌 ppu	슴 seum	연 yeon	응 eung
민 min	쁘 ppeu	습 seup	열 yeol	의 ui
밀 mil	삐 ppi	승 seung	염 yeom	이 i
		시 si	엽 yeop	익 ik
ㅂ	**ㅅ**	식 sik	영 yeong	인 in
		신 sin	예 ye	일 il
바 ba	사 sa	실 sil	오 o	임 im
박 bak	삭 sak	심 sim	옥 ok	입 ip

잉	ing

ㅈ

자	ja
작	jak
잔	jan
잠	jam
잡	jap
장	jang
재	jae
쟁	jaeng
저	jeo
적	jeok
전	jeon
절	jeol
점	jeom
접	jeop
정	jeong
제	je
조	jo
족	jok
존	jon
졸	jol
종	jong
좌	jwa
죄	joe
주	ju
죽	juk
준	jun
줄	jul
중	jung
쥐	jwi
즈	jeu
즉	jeuk
즐	jeul
즘	jeum
즙	jeup
증	jeung
지	ji
직	jik
진	jin
질	jil
짐	jim
집	jip
징	jing
짜	jjae
째	jjae
쪼	jjo
찌	jji

ㅊ

차	cha
착	chak
찬	chan
찰	chal
참	cham
창	chang
채	chae
책	chaek
처	cheo
척	cheok
천	cheon
철	cheol
첨	cheom
첩	cheop
청	cheong
체	che
초	cho
촉	chok
촌	chon
총	chong
최	choe
추	chu
축	chuk
춘	chun
출	chul
춤	chum
충	chung
측	cheuk
층	cheung
치	chi
칙	chik
친	chin
칠	chil
침	chim
칩	chip
칭	ching

ㅋ

코	ko
쾌	kwae
크	keu
큰	keun
키	ki

ㅌ

타	ta
탁	tak
탄	tan
탈	tal
탐	tam
탑	tap
탕	tang
태	tae
택	taek
탱	taeng
터	teo
테	te
토	to
톤	ton
톨	tol
통	tong
퇴	toe
투	tu
퉁	tung
튀	twi
트	teu
특	teuk
틈	teum
티	ti

ㅍ

파	pa
판	pan
팔	pal
패	pae
팽	paeng
퍼	peo
페	pe
펴	pyeo
편	pyeon
폄	pyeom
평	pyeong
폐	pye
포	po
폭	pok
표	pyo
푸	pu
품	pum
풍	pung
프	peu
피	pi
픽	pik
필	pil
핍	pip

ㅎ

하	ha
학	hak
한	han
할	hal
함	ham
합	hap
항	hang
해	hae
핵	haek
행	haeng
향	hyang
허	heo
헌	heon
험	heom
헤	he
혀	hyeo
혁	hyeok
현	hyeon
혈	hyeol
혐	hyeom
협	hyeop
형	hyeong
혜	hye
호	ho
혹	hok
혼	hon
홀	hol
홉	hop
홍	hong
화	hwa
확	hwak
환	hwan
활	hwal
황	hwang
홰	hwae
횃	hwaet
회	hoe
획	hoek
횡	hoeng
효	hyo
후	hu
훈	hun
훤	hwon
훼	hwe
휘	hwi
휴	hyu
휼	hyul
흉	hyung
흐	heu
흑	heuk
흔	heun
흘	heul
흠	heum
흡	heup
흥	heung
희	hui
흰	huin
히	hi
힘	him

자음의 발음 위치

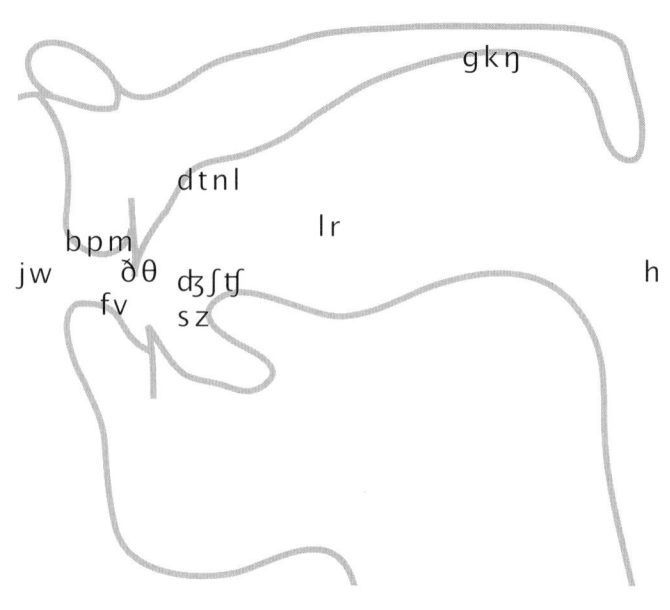

입 바깥쪽부터

입술의 움직임: j,w

양입술: b,p,m

윗니와 아랫입술: f,v

윗니,아랫니와 혀: ð,θ

치경: d,t,n,l

공기의 마찰: dʒ,ʃ,tʃ,s,z

혀의 움직임: l,r

입천장 안쪽: g,k,ŋ

목 안쪽: h

모음의 발음 위치

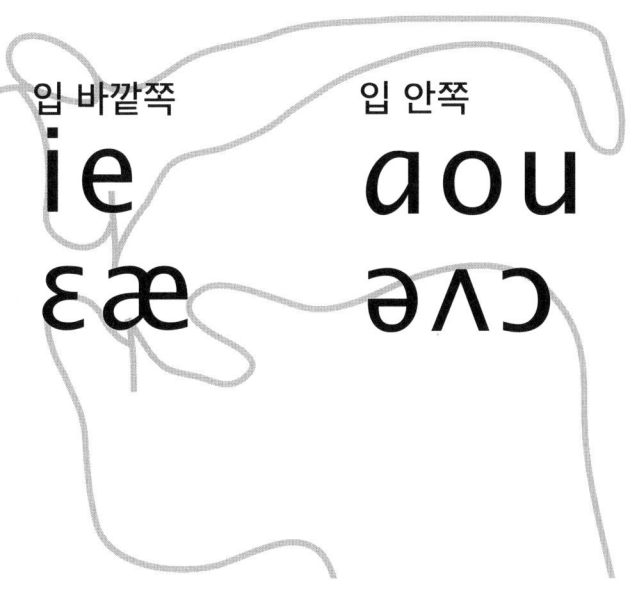

입 바깥쪽 입 안쪽

입 벌린 정도
작게: e, i, o, u
보통: ə, ʌ, ɐ
크게: ɑ, ɔ, æ

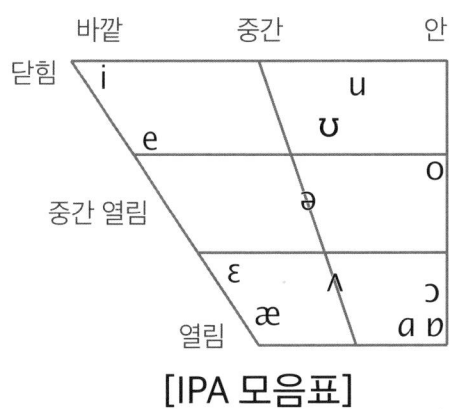

[IPA 모음표]

알파벳으로 찾아보기

단어	뜻	쪽

A

able	할 수 있는	79
accident	사고	25,38,58,59
actual	실제의	98
advice	충고	40,62,63
after	~이후에	96
again	다시	24,29,34,86
age	나이	24,29,33,46,115
air	공기	28,32
alive	살아있는	86
all	모든 (것)	87
alone	혼자	44
also	또한	72,73,85
always	항상	28,94
America	미국	36
any	어떤	80
anyway	어쨌든	94
apart	떨어져서	78
arm	팔	43,68,69
arrest	체포하다	23,43,47,68,69,113
art	예술	74,78
artwork	작품	68,69,70,71
ask	묻다	79
aunt	고모	25,32
away	멀리	94
awful	끔찍한	87

B

baby	아기	24,32
back	뒤로, 등	114
bag	가방	28,32,37,47,56,57,79,115
ball	공	28,32,45,87
balm	연고	107
bean	콩	41,64,65,66
because	~하기 때문에	87
bed	침대	48
believe	믿다	81,90
best	최고의	48

단어	뜻	쪽

bet	내기하다	80
big	큰	41,48,64,65,66,74
big deal	큰 일	41,47
birthday	생일	96
blood	피	43,68,69,70
blow	불다	37,54,55,56,57
blue	푸른색(인)	43,68,69,70,88
boat	배	85
body	몸	25,36,45,78
bomb	폭탄	106,117
bore	지루하게 하다	98
born	태어나진	99,101
boss	상관	87
both	둘 다	75
box	상자	75
boy	소년	100,101
brain	뇌	79,91
break	부수다	79
build	짓다	82,91
burn	불태우다	42,99,101
bus	버스	86
busy	바쁜	82
but	그러나	84
buy	사다	22,38,58,59
bye	잘 가	83

C

cafe	카페	41,64,65,66
calm	침착한	107,109
car	자동차	40,62,63,74
card	카드	64,65,66
care	돌보다,신경쓰다	34,97
carpenter	목수	67
case	경우, 통	79
castle	성	106
cat	고양이	79,90
catch	붙잡다	75
cell	칸	41,64,65,66
chair	의자	75
character	특징	42

단어	뜻	쪽
choice	선택	100,117
city	도시	25,34,106
clean	깨끗한	81
climb	오르다	27,35,54,53, 106,109
close	닫다	22,34,85,116
closed	닫힌	34
clothes	옷	107
coffee	커피	112
coke	콜라	64,65,66
cold	추운	40,48,62,63
college	대학교	112
comb	빗	106,108
come	오다	84
concentration	몰두	54,54
concern	염려하다	99
congratulation	축하	40,62,63
control	통제	23,28,42,115
cop	경찰	78
could	~할 수도 있다	107,109
count	세다	23,38,58,59
country	나라	22,35,52,53
couple	두 사람, 둘	84,116
cover	덮다	96,101
crazy	미친	40,46,62,63
cream	크림	64,65,66
criticism	비판	71
curl	곱슬머리	99
curry	카레	41,64,65,66
cut	자르다	84
cute	귀여운	89,91,95

D

단어	뜻	쪽
dance	춤	40,62,63
daughter	딸	104
day	날	22,33,79
dead	죽은	80
death	죽음	80
die	죽다	26,39,60,61,83
different	다른	34,112
difficult	어려운	112

단어	뜻	쪽
dinner	저녁식사	114
disappointment	실망	54,55
discuss	토론	42,46
do	한다	44
doctor	의사,박사	67,96
dog	개	87,91
dollar	달러	96
done	끝난	84
door	문	26,36,45,98
double	두 배	84
doubt	의심하다	107,109
down	아래쪽으로	100
dream	꿈	81,90
drive	몰아가다	83,116
drop	떨어트리다	78
duty	도리	52,53

E

단어	뜻	쪽
ear	귀	97
early	이르게	99
earn	(돈을) 벌다	99
earth	지구	29,39,60,61
easy	쉬운	81
eat	먹다	81
else	그밖에	80
end	끝내다	80
enjoy	즐기다	75,82,100
enough	충분한, 충분히	87
entire	전체의	97
even	심지어	82
ever	언제나,항상,한번도	96
exactly	정확하게	106
excited	들뜬	72,73
excuse	용서하다	89
eye	눈	26,33,45,83

F

단어	뜻	쪽
fact	사실	24,29,38
fair	공정한, 박람회	97
fall	떨어지다	112

알파벳으로 찾아보기

단어	뜻	쪽
family	가족	25, 32, 75
far	먼	78, 90
fat man	뚱보	72, 73
fault	잘못	87
feel	느끼다	81
few	2-3개인	89, 95
field	들판	70, 71
fine	훌륭한, 벌금	83
fire	불	26, 37, 45, 56, 97, 117
first	첫번째인	96, 117
fish	물고기	75
fix	고침, 고정시키다	40, 62, 63, 74
float	뜨다	72, 73
floor	바닥	37, 56, 57, 98
flow	흐르다	27, 44
fly	날다, 파리	22, 33, 35, 43, 54, 55, 68, 69, 83, 91
follow	따르다	72, 73
food	음식	88, 91
foot	발	22, 37, 56, 57
for	~을 위해	96
forest	숲	68, 69, 70, 71
forward	앞쪽으로	94
four	넷	98
free	자유로운	81, 116
friend	친구	40, 62, 63, 115
from	~으로부터	86, 91
front	앞	71
funny	웃기는	114
future	미래	89

G

단어	뜻	쪽
game	게임	23, 36, 79, 116
gangly	키다리	41
get	생기다	48
ghost	유령	104, 109
gift	선물	48
girl	소녀	99, 101
go	가다	22, 32, 34, 48, 115
God	신	24, 38, 58, 59, 78

단어	뜻	쪽
grain	곡식	67
great	대단한	79
group	떼	72, 73
grow	키우다	41
guess	추측하다	80, 113
guest	손님	80
gun	총	40, 45, 62, 63

H

단어	뜻	쪽
hair	머리카락	97, 101
hand	손	38, 58, 59
handclap	박수	67
handshake	악수	67
happy	행복한	114
he	그는	82
hear	듣다	97, 101
height	키	41, 64, 65, 66
heir	상속자	105
help	돕다	34
her	그녀의, 그녀를	96
herb	약초, 허브	105, 117
high	높은, 높게	25
hire	고용하다	97
hit	치다	40, 48, 62, 63
hold	유지하다	48
honest	정직한	105, 108
honey	꿀	86
honor	명예	105, 108
honorable	명예로운	105
hotel	호텔	23, 44, 48
hour	시간	105, 109
house	집	24, 39, 60, 61, 100
huge	거대한	89
human	인간	89
hurry	서두르다	113
hurt	아프다, 아픈	96

I

단어	뜻	쪽
ice	얼음	83, 90
if	(만약) ~한다면	82

단어	뜻	쪽
ignoring	묵살	67
in	~의 안에	82,90
infinite	무한	44
investment	투자	42
is	상태나 모습이다	82
island	섬	107
issue	쟁점	113
it	그것	82

J

단어	뜻	쪽
jet	제트기	23
job	직업	78
join	가입하다, 연결하다	100
joke	농담	28,34
judge	판사	43,68,69
jump	펄쩍 뛰다	86
just	막	36,72,73

K

단어	뜻	쪽
key	열쇠	81
kick	차다	114
kid	아이	48
kiss	입맞추다	113
kitchen	주방	39,46,60,61
knee	무릎	105,109
knife	칼	41,45,64,65,66
knight	기사	105
knit	뜨개질한 옷	105
knob	둥근 손잡이	105
knock	두드리다	105,108,114
know	알다	35,47,54,55, 105,108,115

L

단어	뜻	쪽
ladder	사다리	52,53
lamb	양고기	106
land	땅, 토지	42,72,73
last	마지막	49
law	법	87,91

단어	뜻	쪽
leaf	잎	43,45,70,71
left	왼쪽	49
leg	다리	24,29,35, 48,52,53
length	길이	35,47,54,55
let	허락하다	49
letter	편지	114
lie	거짓말하다	83
like	좋아하다	83
line	선	83
list	목록	36,47,49, 52,53,115
listen	듣다	106,109
live	살다	38,58,59
lodging	숙소	67
long	긴	24,32,87,116
look	보다	25,29,37, 46,56,57
lose	잃어버리다, 지다	88
love	사랑	28,38,52,53,58, 59,86,84,90
lucky	운좋은	114
lunch	점심식사	86,91

M

단어	뜻	쪽
make	만들다	79,90
man	남자	33
many	수가 많은	82
marry	결혼하다	113
me	나를	82,116
meal	식사	38,67,115
meet	만나다	81
memo	메모	23
middle	중간	114
minister	목사님	67
miss	그리워하다, 놓치다	113
mistake	실수	26,29,38,58,59
mom	엄마	78
money	돈	25,34,45,86
month	달	22,35,45,54,55
more	더 많은	98,101

알파벳으로 찾아보기

단어	뜻	쪽
morning	아침	99
most	가장많은,가장많이	85
move	움직이다	88
museum	박물관, 미술관	89
music	음악	89,116

N

단어	뜻	쪽
name	이름	24,27,35,46,52,53
near	가까운	97
neither	둘중하나도아닌	81
new	새로운	95
news	뉴스	88
nice	좋은	83
night	밤	22,37,56,57,104,108
no	아닌	49,85,90
none	아무도~하지않다	86
nose	코	41,64,65,66
nosebleed	코피	64,65,66
not	아니게	78
note	메모, 공책	25,29,36,85
now	지금	27,39,47,60,61,100,101,115
nursing	간호	44,46

O

단어	뜻	쪽
of course	물론	36
offer	제공하다	112
office	사무실	112
oil	기름	27,100
old	늙은	85
or	또는	98
our	우리의	100
out	밖에서	100
own	소유하다	85

P

단어	뜻	쪽
pack	짐	24,39,45,60,61
pain	고통	28,32,42
parcel	소포	71
parents	부모	25,26,37,56,57
part	부분	26,37,56,57
pass	통과하다	113
pearl	진주	99
person	사람	22,35,52,53,96
phone	전화기	74
picture	그림	27,35,52,53
piece	조각	81
place	장소	39,60,61
play	놀다	25,33,79
pleasure	기쁨	98
pluck	뜯다	72,73
poor	가난한	98
possible	가능한	113
pot	솥	42
power	힘	100
pretty	예쁜	106,108
problem	문제	23,26,29,36
prove	증명하다	88
push	밀다	36
put	놓다	88,91

Q

단어	뜻	쪽
quality	품질	43,68,69,70,115
quesiton	질문	39,46,60,61
quilt	퀼트	75
quit	그만두다	74

R

단어	뜻	쪽
ready	준비된	80,91,116
really	진짜로	112
receipt	영수증	107
record	기록	52,53
red	붉은색(인)	74
register	등록	27
right	옳은	104,108
road	길	32,85
rock	바위	54,55,114

단어	뜻	쪽
roll	구르다	52,53
room	방	28,37,56,57,88
rose	장미	85,90
run	달리다	34,84

S

단어	뜻	쪽
sad	슬픈	38,43,47,58,59, 68,69,70,71
salt	소금	87
saw	봤다, 톱	87
screw	나사	88
second	두번째의	84
secret	비밀	24,37,46,54, 55,56,57
self	자신	39,60,61,
sell	팔다	43,46,68,69,70
send	보내다	49
sense	감각	36,47
separately	따로	72,73
set	놓다	80,90
shadow	그림자	27
share	공유하다	97
sick	아픈	27,29,43,68, 69,70,71,114
sign	기호,간판	44,71,107
signal	신호	44
sit	앉다	82
size	크기	41,46,115
sky	하늘	44,115
sleep	자다	39,60,61,81,90
slow	느린	27,33,35
small	작은	112,117
so	그래서, 그렇게, 아주	49
soft	푹신한	67
solve	풀다	70
some	약간의	84
son	아들	22,27,34,86
song	노래	49
sorry	미안한	113
soul	혼	49
space	공간	28,33

단어	뜻	쪽
spend	소비하다	49
start	시작하다	74
step	단계, 걸음	49
stick	붙다	37,46,56,57
stop	멈추다	78,116
store	가게	23,32
straight	곧게	23,32
straw shoes	짚신	71
strength	힘	44,45
strong	강한	28,44
study	학습	44,47,67
stuff	물건	112
summer	여름	114
sure	확신하는	98,101
surprised	놀란	33
sweat	땀	72,73
system	체제	23,40,47,62,63

T

단어	뜻	쪽
table	탁자	42
talk	말하다	107,109
tax	세금	23
taxi	택시	75
team	팀	42
tear	눈물	26
technology	기술	54,55
tell	이야기하다	112
terrible	끔찍한	113
test	시험하다	49
the	그	86
them	그들을	74
then	그러고 나서	80
there	거기에서	97
think	생각하다	74
threat	협박	80
throw	던지다	85
time	시간	38,58,59
to	~으로, ~에게	88
tomato	토마토	42
tomb	무덤	106,108
top	꼭대기	78

알파벳으로 찾아보기

단어	뜻	쪽
tough	억센	104,109
trip	여행(하다)	74
true	사실인	88,116
truth	사실,진실	58,59,74
try	시도하다	83
turn	돌다,변하다	25,29,34,99
two	둘(인)	88

U

uniform	제복, 교복	89
up	위쪽으로	84
us	우리를	84
use	사용하다	89
usual	보통의	98

V

very	아주	26,29,39,60,61
vest	조끼	75
victory	승리	27,58,59
voice	목소리	100

W

wake	깨우다	94
walk	걷다	107,109
want	원하다	94,116
was	상태나 모습이었다	94
waste	낭비하다	28,33,94
water	물	26,36,94,96, 106,108
wave	파도	70
way	길	24,35,54,55
we	우리는	94
wear	입다	97
well	잘	22,39,60,61
what	무엇	104,108
when	~할 때, 언제	104,108
where	어디서	104
which	어떤 것	104
white	흰색(인)	104,109

단어	뜻	쪽
who	누구	26,33
why	왜	104
width	폭	43
wife	아내	94
will	~할 것이다	112
win	이기다	94,101
window	창문	40,62,63,85
with	~과 함께	75
womb	자궁	106
word	낱말	42,47
words	말	54,55
world	세계	99
worry	걱정하다	113,117
would	~하려고 한다	107
write lyric	작사	67
wrong	틀린	107

Y

yard	뜰,들판	72,73,95
yawn	하품(하다)	71,95
yearly	매년의	99
yell	소리치다	95
yes	네	95,101
yet	아직, 그러나	95
you	너는, 너를	89,95
young	젊은, 어린	95,117
your	너의	98
youth	젊음	89,91,95
yummy	맛있는	95

Z

zoo	동물원	75

나만 영어를 못했던 축복 133쪽

영어가 세상에서 가장 싫었던 이유 | 학비를 벌기 위해 |
첫 책을 쓰게 된 계기 | 두 권이 망하고 | 세번째 책 |
저자가 받는 돈 | 영어책을 끝까지 읽지 못하는 이유 |
끝까지 읽을 수 있는 책을 위하여 | 출판사를 시작한 이유 |
나만 영어를 못한 축복

다른 사람의 영어 공부법이 나에게는 안 맞는 이유 139쪽

300명에게 물어 본 영어공부 비법 |
영화 한 편으로 공부했다가 실패하는 이유 |
영어가 안 들리는 이유? | 상황별 영어는 무용지물 |
프리토킹의 함정 | 영어를 잘하게 되는 유일한 방법 |
문법에서 가장 중요한 것 | 문법 패턴과 문장 패턴의 차이 |
영어를 자유롭게 말하려면 걸리는 시간 | 좋은 책 고르는 법 |
꾸준히 공부할 수 있는 비결

집에서 영어 가르치는 법 147쪽

말하기/듣기를 먼저 하는 이유 | 쓰기가 필요한 이유 |
읽기가 필요한 이유 | 루나를 직접 가르친 계기 |
루나가 해온 것들, 하는 것들 | 이후에 루나가 할 것들

발음천사와 함께 보면 좋은 책 153쪽

아빠표 영어 구구단 | 8문장으로 끝내는 유럽여행 영어회화 |
8시간에 끝내는 기초영어 미드천사 | 단단 기초 영어공부 혼자하기

원어민 MP3, 강의 듣는 법 159쪽

**영어가
세상에서
가장 싫었던
이유**

선생님께서 영어를 읽게 시켰다. 나는 candle(캔들, 양초)을 candy(캔디, 사탕)로 읽었고, 친구들은 크게 웃으며 즐거워했지만, 내게는 평생의 상처였다. 나를 뺀 모든 학생은 초등학생 때 이미 영어를 배웠고, 나만 중학생 때 처음 영어를 배웠다. 수업은 다른 학생에 맞춰 진행됐다.

영어를 아무리 열심히 해도 잘할 수 없었다. 중학교 2학년 때 당시 가장 유명한 '성문기초영어'를 혼자서 4시간 가량 봤지만, 첫 단원의 문제도 풀리지 않았다. 익힌 것은 5형식이었는데, 문제에는 5형식 문장 구조와 상관 없는 성분들이 섞여 나오니 풀 수 없었다. 수능 역시 거의 만점을 받았지만, 영어는 80점 만점에 60점을 받았다.

대학교 입학해서는 절대 영어공부는 하지 않겠다고 다짐했지만, 졸업과 취업을 하려면 다시 할 수밖에 없었다. 영어 잘하는 사람을 만날 때마다 '영어 공부법'을 물어봤고, 그 방법대로 다 해봤지만, 영어 실력은 늘지 않았다.

**학비를
벌기 위해**

대학생 때 운 좋게 좋은 선생님을 만나, 영어를 '학문'이 아니라 '언어'로 알게 됐고, 영어가 재미있어졌다. 정확한 영어는 쓰지 못했지만, 원하는 말은 무엇이든 할 수 있게 됐다.

영어로 대화하고 싶었다. 길에서 우연히 원어민을 마주칠 때면 부끄러움을 무릅쓰고 일단 말을 걸었다. 국제 캠프에도 여러 번 참여했다. 꿈속에서 영어로 대화하는 일도 많았다.

이후에 교양 점수를 채우려고 영어 전공 수업을 들

었다. 졸업할 즈음에 1~2년을 더 다니면 영어 학위도 나와서 부모님께 더 다니겠다고 하였다. 부모님께서는 내가 벌어서 다니라고 하셨다.

영어는 자신이 있어서 근처 학원에 이력서를 넣었고, 시강을 했다. 하지만 영어를 잘 하는 것과 영어를 잘 가르치는 것은 완전히 달랐다. 보통 영어를 쉽게 배운 사람일 수록 영어를 가르칠 때는 더 어렵다. 왜냐하면 영어를 못하는 사람 입장에서 생각하기 어렵기 때문이다.

첫 책을 쓰게 된 계기

부원장님께서 한 달간 교육을 받은 이후에 강사로 써 주겠다고 하셔서, 한 달간 교육을 받았다. 매일 다른 주제로 강의를 하면 부원장님께서 조언을 해주시고 본인의 강의를 보여주셨다.

교육이 끝날무렵 부원장님께 '어떻게 해야 영어를 잘 가르칠 수 있는지?'에 대해 여쭤봤다. 학원에서 수업을 준비하는 시간이 아닌 평상시에도, 항상 영어 가르치는 방법에 대해 고민을 해보라고 하셨다. 그때가 2006년이었다.

이후 하루종일 '영어 가르치는 법'에 대해 고민했고, 2-3년이 흐르자 나만의 강의가 생겼다. 그 강의를 책으로 집필했고, 그 책을 학생들이 얼마나 이해할 수 있는지 궁금했다.

아파트에 전단지를 붙이고 한 달간 10명을 가르쳤다. 내가 영어를 못했던 시간이 길었기에, 영어를 못하는 학생 입장에서 설명할 수 있었다. 모든 학생들의 반응이 뜨거웠다. 그 책을 출간하려고 약 30곳의 출판사에 연락을 했다.

**두 권이
망하고**

출판사에서는 연락이 없거나 거절했다. 여기까지 하기도 쉽지 않았지만, 만약 나만 오랫동안 영어를 못했던 오랜 기간이 없었다면 분명히 포기했을 것이다. 하지만 영어 때문에 고생하고, 배우고, 가르치면서 사명감이 생겼다. 잘못된 영어 교육을 바꾸고 싶었다.

운좋게 정부에서 지원하는 '북디자인' 수업을 6개월간 들을 수 있었고, 그 수업에서 내가 집필한 책을 '컨셉'을 잡아 2권을 만들었다.

한 권은 영어 발음의 핵심 부분만 빠르게 익히는 '1시간에 끝내는 영어발음'인데 2010년에 출간됐고, 다른 한 권은 영어 문법을 두가지로 나눠서 설명하는 '두가지 영어'로 2011년에 출간됐다. 각각의 책은 내 인생의 마지막 책이 될지도 모른다고 생각하고 최선을 다해 만들었다. 하지만 두 권 모두 잘 팔리지는 않았다.

**세번째
책**

이후에 노량진에서 경찰공무원이 되고 싶은 학생들에게 영어를 가르쳤다. 그중 한 명이 '영어 독해책'을 추천해달라고 하여 서점에서 찾아봤다.

하지만 마음에 드는 독해책이 없어서 1년간 집필했다. 이 책 역시 제가 알고 있는 가장 쉽고 빠르게 영어를 익힐 수 있는 방법을 담았다. 영어 구문독해를 수능 지문에 적용하는 방법을 알려주는 책이다. 제목은 <나쁜 수능영어>인데, 운 좋게 출간은 됐지만, 이 책도 잘 팔리지는 않았다.

| 저자가
받는 돈 | 책이 만 원이면 보통 저자 인세는 정가의 10%, 즉 천 원 가량이다. 책을 한 번 인쇄할 때 1~3천부를 인쇄하는데, 천 부면 100만원, 3천 부면 300만원이다. 한 권을 만들기 위해 당시에 최소 6개월 이상 걸렸는데, 6개월에 100만 원이면 최저시급의 1/10에도 못 미친다. |

주변에서는 앞으로 책 집필은 절대 하지 말라고 하였다. 하지만 나는 딱 한 번만 더 하겠다고 했다. 만약에 이 책으로 한 달에 150만원 이상 벌지 못한다면, 평생 집필을 하지 않겠다고 했다. 가정이 있기에, 월수금은 학원에서 영어를 가르쳤고, 다른 요일에는 나쁜짓만 아니면 무슨 일을 해서라도 생활비를 벌려고 했다. 그리고 시간이 나면 책을 집필했다.

| 영어책을
끝까지
읽지 못하는
이유 | 보통 연말쯤 영어를 공부하려고 책을 산다. 그러고는 앞 10장 정도를 읽고 더 이상 읽지 않는다. |

시간이 흐른 뒤에 다른 책을 사서, 또 10장 정도를 읽고 또 포기하는 것을 반복한다. 이처럼 책의 내용이 아무리 좋아도 독자 스스로 끝까지 읽을 수 없다면 쓸모 없는 책이다.

내 책 역시 그랬을 것이다. 그래서 이후에는 '어떻게 하면 독자 스스로 끝까지 읽을 수 있을까?'에 대해 고민했다. 책을 끝까지 읽지 못하는 이유는 설명이 어렵고 '재미가 없기 때문'이다. 그래서 그 고민은 '한국 사람들은 무엇을 재미있어할까?'로 바뀌었다.

**끝까지
읽을 수 있는
책을 위하여**

한국 사람들은 영화를 좋아한다. 한국은 세계에서 5번째로 큰 영화 시장이다. 그래서 평점 9.0이 넘는 영화 240개를 보고, 그중에서 뽑은 명대사 2400개를 분석해서, 내 방식의 문법 패턴으로 분류한 뒤에, 240문장을 뽑았다.

한 문장을 영작하는데 1분이면 4시간에 영작할 수 있기에 <4시간에 끝내는 영화영작>이라 지었다.

**출판사를
시작한 이유**

앞서 3권은 다른 출판사 통해서 책을 냈는데, 출판사와 의견을 조율해야 해서 책이 나오기까지 시간이 오래 걸렸다. 그런데 내가 디자인을 모두하기에, 직접하는 게 더 빨리 만들 수 있다. 그래서 직접 출판사를 차려서 영화영작을 출간했다.

다행히도 첫 달부터 150만원 이상의 수입이 나왔고, 이후에는 계속 집필에만 집중해서 13년간 50권 가량 냈다.

**나만
영어를 못한
축복**

만약 내가 공교육을 통해 어느 정도라도 영어를 할 수 있었다면, 절대 영어를 가르치거나 영어 책을 집필하지 않았을 것이다.

영어를 못해서 놀림거리가 되고, 좌절했던 시간이 길었기에 사명감이 생겼고, 지금 영어 책을 쓰고 영어로 먹고 살 수 있게 됐다. 어려서 영어를 못했던 것은 내게 있어 가장 큰 축복이다.

나만 영어를 못했던 축복 133쪽

영어가 세상에서 가장 싫었던 이유 | 학비를 벌기 위해 |
첫 책을 쓰게 된 계기 | 두 권이 망하고 | 세번째 책 |
저자가 받는 돈 | 영어책을 끝까지 읽지 못하는 이유 |
끝까지 읽을 수 있는 책을 위하여 | 출판사를 시작한 이유 |
나만 영어를 못한 축복

다른 사람의 영어 공부법이 나에게는 안 맞는 이유 139쪽

300명에게 물어 본 영어공부 비법 |
영화 한 편으로 공부했다가 실패하는 이유 |
영어가 안 들리는 이유? | 상황별 영어는 무용지물 |
프리토킹의 함정 | 영어를 잘하게 되는 유일한 방법 |
문법에서 가장 중요한 것 | 문법 패턴과 문장 패턴의 차이 |
영어를 자유롭게 말하려면 걸리는 시간 | 좋은 책 고르는 법 |
꾸준히 공부할 수 있는 비결

집에서 영어 가르치는 법 147쪽

말하기/듣기를 먼저 하는 이유 | 쓰기가 필요한 이유 |
읽기가 필요한 이유 | 루나를 직접 가르친 계기 |
루나가 해온 것들, 하는 것들 | 이후에 루나가 할 것들

발음천사와 함께 보면 좋은 책 153쪽

아빠표 영어 구구단 | 8문장으로 끝내는 유럽여행 영어회화 |
8시간에 끝내는 기초영어 미드천사 | 단단 기초 영어공부 혼자하기

원어민 MP3, 강의 듣는 법 159쪽

300명에게 물어 본 영어공부 비법	나는 아무리 열심히 해도 영어를 잘할 수 없었기에, 영어 잘하는 사람을 만나면 항상 '영어를 어떻게 배웠는지'를 물어봤다. 　국제캠프에서 만난 친구들, 영어를 전공하는 친구들, 영어 학원에서 만난 선생님들, 그리고 가르치는 학생들에게도 물어봤다. 최소 300명 이상에게 물어봤다. 그리고 그들의 공부법을 직접 해봤다.
영화 한 편으로 공부했다가 실패하는 이유	어떤 공부법은 효과적이었지만, 전혀 효과가 없는 방법도 많았다. 나중에 알게 된 가장 큰 이유는 당시의 내 실력이 낮아 방법이 맞지 않았던 것이다. 　크게 초급, 중급, 고급 단계로 나눌 수 있는데, 중급 단계를 '정확하지는 않아도 원하는 말을 모두 할 수 있는' 단계, 고급 단계를 '유창하고 정확하게 영어를 쓰는 단계' 라고 정할 수 있다. 　예를 들어, 영화 한 편을 반복해서 익히는 것은 중급 단계가 '고급 단계'가 되기 위한 방법이다. 초급 단계는 그렇게 해봤자 시간만 낭비하고 좌절할 따름이다. 그 공부 방법으로 성공한 사람들은 이미 영어 의사소통에 어려움이 없는 사람들이다.
영어가 안 들리는 이유?	내가 미드로 영어를 공부할 때 절반 이상이 안 들렸다. 하지만 '영어자막'을 키고 보면 대부분 아는 단어였다. 1000단어면 일상회화의 89%가 해결된다. 3000단어면 94%가 해결된다. 1000단어는 초등 영어 수준(700단어)

보다 약간 높은 정도이고. 3천단어면 중학교 수준(2천단어)보다 약간 높은 정도이다.

영어가 들리지 않는 이유는, 본인이 알고 있는 발음이 실제로는 다르기 때문이다. 표준 미국인 발음 조차도 절반 이상은 다르게 발음된다.

예를 들어, robot은 로봇이 아니고 '로우밭'이고, exactly는 이그잭'틀'리가 아니라 이그잭'클'리이다. I'm 도 '아임'이 아니라 '암'으로 발음한다. 그리고 기능어라 불리는 '대명사, 한정사(관사 등), 전치사, 조동사' 등은 대충 발음하거나 생략하고 말하는 경우가 많다. 또한 단어의 앞뒤에 어떤 단어들이 오느냐에 따라 연음이 일어나서, If I'm은 '이팜'이 된다. 이러한 모든 경우를 직접 경험해보지 않으면 들을 수 없다.

그 데이터를 쌓아야 하는데, 그렇게 해줄 수 있는 책이 이번에 출간된 <유레카 팝송 영어회화 200>이다. 팝송 200곡을 통해 영어발음을 익히고 어휘를 확장시켜준다.

상황별 영어는 무용지물

영어로 어느 정도 자유롭게 쓸 수 있을 때까지는 '상황별 영어회화 책'은 보지 말아야 한다. 상황별 영어회화가 쓸모 없는 이유는, 현실은 대부분 그 상황대로 흘러가지 않기 때문이다.

예를 들어, 'How are you?'의 대답이 'I'm fine, thank you'가 아닌 경우가 아주 많다. 본인이 다쳤을 때도 'I'm fine'을 쓸 수는 없다. 상황별 영어회화는 특정한 상황을 1~5가지로 분류해놨지만, 실제 상황은 수천~수만

가지이기에 그 표현이 무용지물인 경우가 많다. 이런 책을 보면 배울 때는 영어가 되는 것 같다고 느껴지지만, 실제 상황에서는 별 도움이 안된다.

여행영어 책이야, '정해진 상황'에서 '정해진 말'을 주로 하기 때문에 상활별 여행영어 책을 봐도 괜찮지만, 여행영어 표현조차 어려운 초보 수준에서 그러한 책은 익히는 것은 시간도 오래 걸리고 활용도도 낮다. 그래서 나는 상황별 여행영어 책을 내지 않고, '문장 패턴'으로 그러한 상황을 해결할 수 있는 책을 냈다. <8문장으로 끝내는 유럽여행 영어회화>이다. 그리고 상황별 영어 문장들을 '패턴화'해서 만든 책이 <6시간에 끝내는 생활영어 회화천사>이다.

프리토킹의 함정

프리토킹은 '자극(영어를 공부하고 싶게 하는 욕구)'을 받기 위해 하는 것은 좋지만, 그것으로 실력이 늘지는 않는다. 특히 실력이 낮을 수록 프리토킹(주로 전화영어 등)은 큰 도움이 안 된다. 실력이 낮으면 '질문'은 못 하고 '단답형'으로 말하게 된다. 이야기를 잘 이끌어내도, 결국 학습자는 본인의 수준에서 말하는데, 그 수준의 문장은 뻔하다. 간단한 2형식/3형식 구조의 문장은 잘 말하지만, 부정사나 분사구문, 관계대명사를 써서 말하기는 어렵다.

실력이 늘려면 '한국어와 영어의 차이점'인 '구조를 통한 의미 전달 훈련'을 해야 하는데, 이것은 특정한 문법 구조 안에서 단어를 바꿔 가며 반복 훈련(드릴 연습)을 해야 한다. 예를 들면, I'm ~패턴을 배웠으면 이후에는 You're~ 패턴을 배우는 식으로 해야 한다. 보통은 프리토킹에서 자유로운 대화를 하지, 이러한 반복 훈련을 하는 것을 원하지는 않는다.

프리토킹은 자신이 하고 싶은 말을 다 말할 수 있게 됐을 때, 즉, 중급 이상의 수준에서 좀 더 유창하게 말하고 싶을 때 하는 게 좋다.

영어를 잘하게 되는 유일한 방법

초급 수준에서는 공부할 재료의 양은 줄이고 반복해야 한다. 영어 문장을 외우면 영어를 잘하게 된다는 말은, 외운 문장은 듣거나 말할 수 있기 때문이다. 해석만 되던 문장을 반복해서 익히면 들을 수 있는 문장, 말할 수 있는 문장으로 바뀐다.

영어를 잘하는 사람 들의 공통점은 '반복한 것'이다. 영어회화는 악기, 운동과 비슷해서 반복해야 한다. 반복하는 동안은 실력이 느는지 잘 모르지만, 돌아보면 어느새 늘어 있다. 특히 초/중급 단계에서는 반복해야만 한다.

반복하는 데에는 '기술'이 필요하다. 먼저 한국어와 영어의 차이(강의: rb.gy/9sv1o)을 알고, 그 차이점을 위주로 훈련해야 한다. 한국어는 구조가 중요하지 않지만, 영어는 구조로 의미를 전달하기 때문에 구조를 통해 말하는 방법을 훈련해야 한다. 내 책 역시 그 구조를 영작이나 말하기로 익히는 책들이 많다. 그 부분이 한국인에게 가장 부족한 부분이기 때문이다.

문법에서 가장 중요한 것

언어는 '문법'과 '어휘'만 익히면 끝난다. 문법은 말하는 방식이고, 어휘는 말에 담긴 내용이다. 어휘를 문법에 맞게 늘어놓을 수 있으면 '언어'는 끝난다.

시중의 대부분의 문법 책은 문장을 놓고 분석하는 방식의 문법 책이다. 그런데 분석하는 문법은 시험 문제를 풀 때는 도움이 되는데, 영작이나 영어회화에는 전혀 도움이 안 된다. 영어로 말할 때는 전혀 다른 뇌와 근육을 쓰기 때문이다. 말하자면 만들어진 된장찌개를 맛 보면서 맛을 평가하는 것과 된장찌개를 만드는 것은 아예 다른 것과 마찬가지이다.

그러므로 '영작'을 할 수 있게 해주는 책을 골라야 하는데, 막상 스스로 그런 책을 공부하기는 불가능한 경우가 많다. 대부분의 영작 책은 '학원용 책'이다. 그나마 내 책들은 영작을 할 수 있도록 단원마다 한국어와 비교해서 말하면서 '포인트'를 잡아놨다. 그리고 책만으로 어려운 분들을 위해 '무료강의' 원어민MP3를 제공한다. 그래서 스스로 끝까지 볼 수 있다.

문법 패턴과 문장 패턴의 차이

내가 영어를 자유롭게 쓸 수 있게 된 것은 '문법 패턴'을 익힌 이후부터이다. 내 책도 다양한 소재로 '문법 패턴'을 익히는 책이 많다. 문법을 기준으로 영작을 익히면 약 50개 가량이면 모든 문장을 영작할 수 있게 된다. 하지만 머리를 더 써야 해서 처음에는 조금 어렵게 느껴진다.

그런데 시중의 패턴책은 대부분 '문장 패턴' 책이라, 패턴의 종류가 100개가 넘는다. 이런 방식은 익히기가 쉬운 반면, 오래 걸리고 응용하기는 더 어렵다. 예를 들면, 'I like ~패턴'을 익히고, 'I have ~ 패턴'을 익히는 식이다. 목

적어만 바꾸면 돼서 쉽지만, 그 문장을 응용해서 다른 문장을 만들기는 어렵다. 문장 패턴은 이렇게 특정 단어를 중심으로 구성됐고, 특정 단어만 바꾸기에 자유롭게 영어를 구사하기는 어렵다.

내 책 중에 <8문장으로 끝내는 유럽여행 영어회화>가 문장 패턴이다. 다른 패턴 책은 모두 '문법패턴'을 활용해서 만들었다.

| 영어를 자유롭게 말하려면 걸리는 시간 | 원하는 말을 자유롭게 하기까지, '옳은 방법으로 했을 때' 짧게는 3개월이지만(이미 어느정도 공부했거나, 언어 감각이 좋은 경우), 보통 6개월~1년이 걸린다.

이 기간 동안 하루 1-2시간 이상 꾸준히 공부하려면, '계기나 목적'이 있어야 한다. 내게는 영어 때문에 놀림 받았던 것과 영어로 자유롭게 말하고 싶은 욕망이 계기였다. 그리고 졸업과 취업을 위한 목적도 있었다.

계기가 없다면 꾸준히 자극을 받아야 한다. 학원도 좋고 유튜브 영상도 좋다. 전화영어나 영어 스터디도 좋다.

| 좋은 책 고르는 법 | 시중의 영어 책들을 보면 대부분은 '학원용 책'이다. '문법 용어'를 많이 써서 영어를 모르는 사람은 이해하기 어렵게 설명 되어 있다. 그래서 학원에서 선생님이 가르칠 수는 있지만, 독학은 불가능하다. 집에서 부모님이 가르칠 수도 있지만, 영어를 아는 것과 가르치는 것은 아예 다른 것이기에 어렵다. 가르치는 것은 상대방의 입장에서 설명할 수 있어야 하는데, 많이 가르쳐 보거나 훈련하지 않았

다면 어렵다.

가능한 학습자 수준보다는 쉬운 책으로 고르고, 직접 익혀보거나 가르쳐 본다. 어떤 영어책이든 끝까지 볼 수만 있다면 책 값의 10배 이상은 번 것이다. 단번에 그런 책을 고르기는 어려울 것이다. 잘 안되면 빨리 다른 책으로 시도를 하며 자신에게 맞는 책을 찾아야 한다.

꾸준히 공부할 수 있는 비결

책이 아니더라도 가능한 꾸준히 할 수 있는 소재를 찾아야 한다. 본인이 흥미있는 것과 관련된 것으로 공부해야 한다. 그래야 더 알고 싶어서 꾸준히 공부하게 된다.

그래서 나도 다양한 소재로 책을 냈다. 영화 명대사로 익히는 <4시간에 끝내는 영화영작> 외에도, 미드 명대사, 단편소설, 연설문, 명언, 여행 에세이, 팝송, 생활 영어 등 다양한 소재로 익히실 수 있도록 집필했다.

본질은 영어 공부를 더 쉽게 할 수 있도록 해주는 것이라 생각하기에, 책 외에도 영어 공부할 때 힘든 점들을 해결하려고 최선을 다한다. 더 쉽게 익힐 수 있도록 대부분의 책에 무료 강의(rb.gy/x1ymb)도 있다.

쉬운 단어도 안 들리는 이유 대부분은, 발음을 잘못 알고 있기 때문이다. 내 모든 책은 원어민이 책 전체를 읽은 MP3 파일도 무료로 제공하고 있다.

궁금한 점은 카톡(rb.gy/2ettr)이나 카페(miklish.com)에 질문하면 된다. 연락처는 010-4718-1329(가능한 문자로), iminia@naver.com이다. 최선을 다해 도울 것이다. <영어 공부법 MBTI (1000원)>에서 발췌한 내용입니다. 그 책에는 **더 많은 내용**이 있습니다.

나만 영어를 못했던 축복 133쪽

영어가 세상에서 가장 싫었던 이유 | 학비를 벌기 위해 |
첫 책을 쓰게 된 계기 | 두 권이 망하고 | 세번째 책 |
저자가 받는 돈 | 영어책을 끝까지 읽지 못하는 이유 |
끝까지 읽을 수 있는 책을 위하여 | 출판사를 시작한 이유 |
나만 영어를 못한 축복

다른 사람의 영어 공부법이 나에게는 안 맞는 이유 139쪽

300명에게 물어 본 영어공부 비법 |
영화 한 편으로 공부했다가 실패하는 이유 |
영어가 안 들리는 이유? | 상황별 영어는 무용지물 |
프리토킹의 함정 | 영어를 잘하게 되는 유일한 방법 |
문법에서 가장 중요한 것 | 문법 패턴과 문장 패턴의 차이 |
영어를 자유롭게 말하려면 걸리는 시간 | 좋은 책 고르는 법 |
꾸준히 공부할 수 있는 비결

집에서 영어 가르치는 법 147쪽

말하기/듣기를 먼저 하는 이유 | 쓰기가 필요한 이유 |
읽기가 필요한 이유 | 루나를 직접 가르친 계기 |
루나가 해온 것들, 하는 것들 | 이후에 루나가 할 것들

발음천사와 함께 보면 좋은 책 153쪽

아빠표 영어 구구단 | 8문장으로 끝내는 유럽여행 영어회화 |
8시간에 끝내는 기초영어 미드천사 | 단단 기초 영어공부 혼자하기

원어민 MP3, 강의 듣는 법 159쪽

| 말하기/듣기를 먼저 하는 이유 | 외교통상부에서 주최하는 '방일대학생' 프로그램이 있다. 한국과 일본에서 매년 서로 30명씩 대학생들을 서로 초대하는 프로그램이다. 그곳에 같이 참여한 친구 중 한 명은 토익 점수가 900점이 넘는데, 영어회화는 전혀 못해서 내가 대신 통역해줬다.

　나 역시 수능을 위한 '독해' 공부를 할 때는 영어가 재미없었다. 하지만 다시 기초부터 영어회화를 배울 때는 영어가 '언어'로 느껴지면서 재미있어졌다. 이후에 공부한 토익도, 영어 전공 수업도 재미있게 들을 수 있었다.

　영어의 기본적인 개념도 모른 상태로 '읽기/듣기'를 하며 꾸역꾸역 점수를 따기 위한 공부를 하는 것보다, 먼저 '말하기/듣기'를 하면서 영어를 언어로 먼저 배우고, 이후에 '읽기'로 넘어가면 훨씬 재미있게 영어를 익힐 수 있다. 한국어에서도 '말하기/듣기'를 먼저 배우듯, 시간이 있다면 영어도 할 수 있다면 '말하기'부터 배우는 게 좋다. |

쓰기가 필요한 이유

사람들은 보통 '수다 떨기'를 좋아한다. 하지만 '영어 말하기'를 좋아하지 않는 이유는 영어로 말하는 법을 배우지도 않았고, 해본 적도 없기 때문이다. 그래서 영어 말하기가 익숙하지 않을 때는 머릿속에서 문장을 다 완성시킨 후에 말한다. 그런데 그렇게 하면 말로 나오기까지 시간이 오래 걸리므로 자연스럽게 대화할 수 없다.

　이때 필요한 게 '쓰기'이다. 한국인은 '쓰기'로 먼저 연습한 이후에, '말하기'로 넘어가는 것이 좋다. 천천히라도 영작을 하는 두려움이 없어지면, 자꾸 말하고 싶어진다. 내 저서 중에서 상당수(단단 기초영어, 미드천사, 생활영어 회화천사, 영화영작)도 '쓰기'로 먼저 문법 패턴을 연습한 이후에 '말하기'로 넘어가는 방식으로 되어 있다.

또한 말에 쓰이는 어휘는 한정되어 있고, 문법도 정형화된 단순한 문법을 주로 쓴다. 더 복잡한 문법과 어휘를 쓰려면 쓰기를 통해 실력을 키워야 한다.

읽기가 필요한 이유	말하기/쓰기로는 본인이 평소 쓰는 어휘나 문법만 쓰게 된다. '듣기'는 좀 낫지만, 한국인이 대화에서 쓰는 문법이 뻔하듯, 원어민도 일상에서 쓰는 문법이 뻔하다. 본인이 모르는 단어는 어차피 들리지 않는다. 더 어려운 어휘나 문법을 익히는 방법은 결국 '읽기'밖에 없다. 또한 책에 쓰여진 문장은 대부분 맞춤법이 정확하기에, 읽기를 많이 하면 더 정확한 영어를 구사하는 데에 큰 도움이 된다. (<크라센의 읽기 혁명> 참고)
루나를 직접 가르친 계기	나는 주로 '성인'을 위한 영어 책을 출간했다. 직접 집필하고, 디자인하고, 제작, 마케팅까지 모두 한다. 그러다 보니 일 외에 다른 것을 할 시간이 없었다. 내 딸(루나)의 영어를 위해서도 아내에게 알아서 가르치라고 돈을 줬지, 직접 가르치지는 않았다. 아내는 전집을 몇 개 샀고, 일주일에 2번 가량 방문 선생님이 오셨다. 1~2년쯤 지났을 때, 5살 딸의 영어 실력이 궁금했다. 그래서 '나'가 영어로 무엇인지 딸에게 물어 봤는데, 딸은 'me(미)'라고 대답했다. 물론 틀린 대답은 아니지만, 당연

히 'I(아이)'라고 대답할 줄 알았다. 왜냐하면 영어에서 두 번째로 많이 쓰이는 단어가 I이고, I가 me보다 훨씬 많이 쓰이기 때문이다.

만약 내가 직접 가르치지 않고 외부에 맡긴다면, 대학교 입학까지 최소 3천만 원 이상 들 것이다. 이후에 어학 연수라도 간다면 억 단위로 깨질 것이 분명하다. 그래서 그 돈이라도 아껴 보려고 직접 가르치면서 집필했다.

집필할 때 중요하게 여긴 것은, 학습자가 원어민의 관점에서 생각할 수 있게 되는 것이었다. 그래서 영어에서 더 중요하고, 더 많이 쓰이는 것부터 익히도록 배열했다. 한국어와 영어 차이, 문법, 어휘, 파닉스를 문장 안에서 한 번에 익힐 수 있도록 구성했다.

중학교 이상 나온 부모님이라면 누구나 가르칠 수 있도록, 책마다 어떻게 가르쳐야 하는지 영상이 있고, 한글 발음도 수록했다. 정확하게 읽고 싶다면 휴대폰이나 세이펜으로 원어민 음성을 바로 확인할 수 있다. 대상은 5살~11살이다.

제목은 <아빠표 영어 구구단>이고, 총 12권+파닉스 카드 100장으로 구성했다. 이 책(2시간에 끝내는 한글영어 발음천사)의 154쪽에 자세한 소개를 볼 수 있다.

**루나가
해온 것들,
하는 것들**

이후에 루나는 내 다른 저서들을 익혀오고 있다. 책들 대부분이 '음성 무료 강의'나 '영상 무료 강의'가 있어서 혼자 스스로 공부할 수 있다. 루나가 강의를 듣고 책에 영작하면, 나는 책의 정답을 보고 고쳐준다.

처음에는 <8문장으로 끝내는 유럽여행 영어회화> 강의를 듣고 2-3회 공부했고, 이후에는 <8시간에 끝내는 기초영어 미드천사> 강의를 들으며 2회 공부했다. 다음으로 <단단 기초 영어공부 혼자하기> 강의를 들으며 2회 했고, 이후에 <중학영어 독해비급>을 2회째 공부하고 있다.

그리고 루나가 3학년이 시작하기 전에, 학교에서 쓰는 영어 참고서를 2권씩 샀다. 그리고 초등학교 영어 교과서를 같이 읽고 단어 뜻을 알려주며 예습했다(예습 방법 rb.gy/lrv4h). 사실 루나는 안 해도 되지만, 수업에서 모르는 부분이 조금만 나와도 위축될 수 있어서 하는 게 좋을 것 같았다.

현재 <중학영어 독해비급> 외에는 영어로 일기를 매일 2~3문장씩 쓰고 있다. 이후에 내가 틀린 부분을 교정해주고, 어휘를 정리해준다. 루나는 고쳐진 문장을 다시 한 번 쓰고, 정리해 준 어휘는 5회~10회 반복해서 쓴다. 그런데 영어를 잘 모르는 부모님도 나처럼 할 수 있다. 챗GPT(무료)를 활용하면 알아서 교정해주고 영작도 해준다. 챗GPT의 영어 능력은 웬만한 영어 강사, 원어민보다 낫다. 챗GPT 사이트: chat.openai.com

이후에 루나가 할 것들

내게 '감사' 연락이 오는 경우도 많다. 한 번은 어떤 독자분의 자녀가 중학생인데, 학원을 안 다니고 집에서 <TOP10 연설문> 학습만으로 전교에서 1-2등을 한다고 했다. 이처럼 내 책만 공부해도 대학생 때까지 일부 영어 인증 시험을 제외하면 다른 영어 공부는 필요가 없다.

루나는 남은 저서를 공부할 예정이다. 쉬운 것부터 <유레카 팝송 영어회화 200>, <6시간에 끝내는 생활영어 회화천사>, <챗GPT 영어명언 필사>, <영어명언 만년 다이어리>, <이상한 나라의 앨리스 영화영어 공부>, <4시간에 끝내는 영화영작>, <잠언 영어성경>, <TOP10연설문>, <TOP10 영한대역 단편소설>이 있다. 이 중 적어도 <이상한 나라의 앨리스 영화영어 공부>까지는 초등학생 때 끝낼 예정이다.

<엄마표 영어: 흘려듣기 절대로 하지 마라(2000원)>에서 발췌한 내용입니다. 그 책에는 **더 많은 내용**이 있습니다.

더 많은 내용
영어 공부를 위한 쉬운 영화 추천, 흘려듣기가 영어를 망친다, 영어 학원을 다닐 수 밖에 없는 이유, 영어 잘하는 아이들의 공통점, 나쁜 학원에 계속 다니는 이유, 고등학생을 위한 어학원이 드문 이유, 좋은 학원/좋은 선생님 고르는 법, 파닉스부터 가르치지 않은 이유, 한글로 익히는 발음은 나쁠까? 영어 원서 읽기를 시키지 않은 이유, 유학 가는 최적기, 영영사전을 아직 쓰면 안 되는 이유, 처음 보는 단어와 문장 읽는 법은? 단어장을 쓰지 말아야 할 이유, 단어장 없이 단어를 익히는 법

나만 영어를 못했던 축복 133쪽

영어가 세상에서 가장 싫었던 이유 | 학비를 벌기 위해 |
첫 책을 쓰게 된 계기 | 두 권이 망하고 | 세번째 책 |
저자가 받는 돈 | 영어책을 끝까지 읽지 못하는 이유 |
끝까지 읽을 수 있는 책을 위하여 | 출판사를 시작한 이유 |
나만 영어를 못한 축복

다른 사람의 영어 공부법이 나에게는 안 맞는 이유 139쪽

300명에게 물어 본 영어공부 비법 |
영화 한 편으로 공부했다가 실패하는 이유 |
영어가 안 들리는 이유? | 상황별 영어는 무용지물 |
프리토킹의 함정 | 영어를 잘하게 되는 유일한 방법 |
문법에서 가장 중요한 것 | 문법 패턴과 문장 패턴의 차이 |
영어를 자유롭게 말하려면 걸리는 시간 | 좋은 책 고르는 법 |
꾸준히 공부할 수 있는 비결

집에서 영어 가르치는 법 147쪽

말하기/듣기를 먼저 하는 이유 | 쓰기가 필요한 이유 |
읽기가 필요한 이유 | 루나를 직접 가르친 계기 |
루나가 해온 것들, 하는 것들 | 이후에 루나가 할 것들

발음천사와 함께 보면 좋은 책 153쪽

아빠표 영어 구구단 | 8문장으로 끝내는 유럽여행 영어회화 |
8시간에 끝내는 기초영어 미드천사 | 단단 기초 영어공부 혼자하기

원어민 MP3, 강의 듣는 법 159쪽

영어 책 ▶ 배송비 절약문고 ▶ 한글 책

아빠표 영어 구구단 시리즈 (세트)

난이도 **입문** | 말하기 ★ | 듣기 ○ | 읽기 ● | 쓰기 ● | 무료강의 ● | 원어민 MP3 ★

2년간 딸을 가르치며 집필한 홈스쿨링 영어!

부모님과 함께 하루 10분, 1년 완성!

중학교 졸업까지 영어 걱정 끝!

무료강의 제공, 세이펜 지원.

5~12세 대상. 특히 5-9세를 집에서 가르치려면 이 책 밖에 없습니다.

총 13종 (12권+파닉스 카드 100장)

저희 딸이 다음책 없냐고 내놓으라고 하더라구요~^^ 아이가 영어 거부감이던 아이였는데 좋아하는 모습보니, 제가 더 감사합니다~ - sunjin07**

초등 2학년이 1년쯤 집에서 아빠표 영어를 익히고,

근처 어학원에서 테스트를 했어요. 어디서 배웠길래 레벨이 중학생 수준이냐고 하시더라고요. - 010 6636 ***

 소개 영상   자료 받기   미리 보기   구매 하기

type BDSH

영어를 처음 배우거나 기초가 부족한 분입니다.
이것 저것 많이 하기 보다는,
이해가 되는 한 권을 정해서 반복해서 보세요.

입문 영어를 읽고 싶다 초급 영어로 잘 말하고 싶다 중급 정확한 영어를 쓰고 싶다 고급 유창한 영어를 쓰고 싶다

아빠표 영어 구구단 1~10단

난이도 **입문** | 말하기 ★ | 듣기 ○ | 읽기 ● | 쓰기 X | 무료강의 ● | 원어민 MP3 ★

1단 명사
왼쪽은 '한 개', 오른쪽은 '여러개', 왼쪽에는 a girl, 오른쪽은 girls. ㄱ부터 ㅎ까지 대응되는 파닉스.

6단 to부정사
to부정사의 70% 이상을 차지하는 '명사적 용법'을 익힌다.

2단 일반 동사
be동사보다 일반동사를 훨씬 많이 쓰기에 앞에 넣었다. I와 you로 시작하는 3형식 문장을 익힌다.

7단 전치사
가장 많이 쓰는 전치사(in, on, about, at, for)의 개념과 차이를 알고 문장에서 활용한다.

3단 인칭
왼쪽은 일반 문장, 오른쪽은 주어가 3인칭인 문장. 3인칭 단수 현재의 3형식 문장을 연습한다.

8단 조동사
will과 can을 3형식과 2형식 문장에서 활용한다.

4단 be동사
be동사를 쓰는 기본적인 문장 구조를 익힌다. good/bad 등 반대되는 형용사도 함께 익힌다.

9단 부정문
be동사, 일반동사, 조동사의 부정문을 만든다.

5단 분사
동사를 변형시켜 '현재진행' 문장을 익힌다. 뒷부분에 '수동태'도 조금 나온다.

10단 의문문
조동사와 be동사를 활용한 의문문을 익히고, 이후에 의문사를 활용한 의문문을 익힌다.

 1단 미리 보기
 1단 강의
 2단 미리 보기
 2단 강의

type **BDSH**

아직 영어를 읽을 수 없다면 더 좋습니다.
하루에 5~15분, 한 쪽/한 문장만 배워도 좋으니,
'재미를 느끼도록' 알려주세요.

영어 책 ▶ 배송비 절약문고 ▶ 한글 책

8문장으로 끝내는 유럽여행 영어회화

난이도 **입문** | 말하기 ★ | 듣기 ○ | 읽기 ● | 쓰기 X | 무료강의 ● | 원어민 MP3 ★

유럽여행 에세이를 읽으면
자동으로 익혀지는 여행 영어!

한글 발음 표기, 20여 가지 부록으로,
영어를 읽지 못해도 배낭여행 가능!

무료강의 제공!

쉬운책, 아주 쉬운 영어회화책을 검색하다가 구입했습니다.
책 사서 운전하며 계속 반복해서 들었던 1인으로, 완전 강추입니다.
이런 쉬운책이, 이렇게 편안하고 즐겁게 영어를 듣고 따라할 수 있다는게 신기할 정도였습니다. 내친김에 계속 더 공부하고 싶은 욕구가 마구마구... - rdh★★

나도 모르는 사이 배워지는 책ㅋ
넌 에세이냐? 영어회화책이냐?ㅋ - jihyun07★★

이거 물건이네요. 이 책만 있으면 여행준비 끝.
해외여행에 대한 두려움을 없애주고,
영어에 자신감을 불어넣어 줍니다. - shake★★

 미리 보기   강의, 자료   구매 하기

type
BDSH

틀려도 좋으니, 자신있게 많이 말해보세요.
말해본 사람만 실제로도 말할 수 있습니다.

영어 책 ▶ 배송비 절약문고 ▶ 한글 책

8시간에 끝내는 기초영어 미드천사

왕초보 패턴 (초급) | 기초회화 패턴 (초중급)

난이도 초급/초중급 | 말하기 ★ | 듣기 ○ | 읽기 X | 쓰기 ● | 무료강의 ★ | 원어민 MP3 ★

60대 할머니는 영어를 정복할 수 있을까?

60대 할머니와 함께하는
수십만 원 상당의 영어회화 무료강의: goo.gl/8id6df

원어민의 일상 회화 89% 해결하는
1004 어휘 중심의 미드 명대사!

팟캐스트를 통해 알게되어 왕초보패턴부터 오늘 기초회화패턴27강 까지 한달째 정주행중입니다. 뉴질랜드에 10년 넘게 살면서도, 읽고 듣는 영어와 말하는 영어 사이의 큰 간격 때문에 힘들었는데, 선생님의 강의를 통해서 정말 큰 도움을 받고 있습니다. 어머님과의 영어 공부 녹음하신거 제게 너무너무 재미있고 유익하며, 그래서 매일매일 즐겁게 같이 공부하는것처럼 익히고 있습니다. - Jo★

초3아들과 몇개월 같이했는데 영어학원에 다녀본적도 없는데 승급을 두번이나 했습니다~~강추라 둘째도 적용예정입니다 감사합니다^^ - 77bvm★★

안녕하세요~ 지금 미드천사 왕초보패턴 공부중입니다^^ 제가 영어책을 사서 지루하다고 느끼지 않고 계속 공부한 책은 이 책이 처음이네요. 지금까지 무작정 외우기만 했던 문법들이 이해가 되면서 조금씩 영어에 재미를 느끼고 있습니다. - 우사★

 미리 보기　소개　 자료 받기　 구매 하기

type
BDSH

실력이 낮다면 꼭 무료 강의를 들으세요.
더 쉽고, 재미있게 익힐 수 있습니다.
책과 관련된 미국 드라마를 재미삼아 보셔도 좋습니다.

입문 영어를 읽고 싶다 | 초급 영어로 잘 말하고 싶다 | 중급 정확한 영어를 쓰고 싶다 | 고급 유창한 영어를 쓰고 싶다

단단 기초 영어공부 혼자하기

난이도 초급 | 말하기 ★ | 듣기 ● | 읽기 ○ | 쓰기 ★ | 무료강의 ★ | 원어민 MP3 ★

기초 영어회화의 끝판 왕! 마이크 선생의 야심작!
마이크 황의 다른 책(미드·영화·명언 등)에서 뽑은
쉽고 흥미로운 문장!

저자 직강 영상 강의! 순화된 문법 용어의 쉬운 설명!

원어민MP3 제공! 한글 발음 병기!

1일 4쪽(4단계), 28일 완성!

(저는) 과거에 영어강사를 했었고, 초등 저학년부터 성인까지 두루 영어를 가르친 경험이 있습니다.
서점에는 책들이 엄청 넘쳐나는데 성인기초학습자에게 괜찮은 책이 마땅치 않다는 것이었습니다.
정말 이런 게 필요했거든요. 여러 수업을 책 한 권에 녹여놓았다 해도 과언이 아니네요. -growi**

소재가 재미있어서 전혀 지루하지 않아요. 백날 외워도 영어로 말할 수 없고 영어책을 한번도 끝까지 본 적이 없는 제가 이렇게 쉽게 영어공부를 해보기는 첨인 것 같네요~ -recip**

책 주문하고 3주만에 책 끝까지 봤습니다. 물론 완벽하진 않지만 처음으로 끝까지 끝낸 책이네요. 영어공부 출발에 도움 주셔서 감사드립니다. - neont**

 소개 영상    전체 강의   자료 받기   구매 하기

더 많은 마이클리시 책은
<영어 공부법 MBTI +수준별 영어책 추천 (1000원)>에 있습니다.

나만 영어를 못했던 축복 133쪽

영어가 세상에서 가장 싫었던 이유 | 학비를 벌기 위해 |
첫 책을 쓰게 된 계기 | 두 권이 망하고 | 세번째 책 |
저자가 받는 돈 | 영어책을 끝까지 읽지 못하는 이유 |
끝까지 읽을 수 있는 책을 위하여 | 출판사를 시작한 이유 |
나만 영어를 못한 축복

다른 사람의 영어 공부법이 나에게는 안 맞는 이유 139쪽

300명에게 물어 본 영어공부 비법 |
영화 한 편으로 공부했다가 실패하는 이유 |
영어가 안 들리는 이유? | 상황별 영어는 무용지물 |
프리토킹의 함정 | 영어를 잘하게 되는 유일한 방법 |
문법에서 가장 중요한 것 | 문법 패턴과 문장 패턴의 차이 |
영어를 자유롭게 말하려면 걸리는 시간 | 좋은 책 고르는 법 |
꾸준히 공부할 수 있는 비결

집에서 영어 가르치는 법 147쪽

말하기/듣기를 먼저 하는 이유 | 쓰기가 필요한 이유 |
읽기가 필요한 이유 | 루나를 직접 가르친 계기 |
루나가 해온 것들, 하는 것들 | 이후에 루나가 할 것들

발음천사와 함께 보면 좋은 책 153쪽

아빠표 영어 구구단 | 8문장으로 끝내는 유럽여행 영어회화
8시간에 끝내는 기초영어 미드천사 | 단단 기초 영어공부 혼자하기

원어민 MP3, 강의 듣는 법 159쪽

원어민MP3와 강의 없이 익히는 게 더 빠르게 익힐 수 있지만,
내용이 어렵거나, 더 정확하게 알고 싶으신 분께서는
'강의'를 활용하시는 것을 추천합니다.
QR코드를 휴대폰 카메라로 비추면 들으실 수 있습니다.

🦋 전체 자료 rb.gy/f327kb

🦋 발음천사 음성 강의

 **1강** p.1~49
ㄱ~ㅎ 1:23:40

2강 p.50~75
자음비교 1:29:34

 **3강** p.76~91
약모음 강모음 39:47

4강 p.92~117
이중모음, 묵음, 쌍자음 1:00:26

  **1~4강 영상 강의** 57:55

🦋 원어민MP3는 각 장의 차례의 QR코드에 있습니다.